明治図書

1年間
まるっと
おまかせ！

小4担任
のための
学級経営
大事典

『授業力&学級経営力』
編集部

JN043598

イントロダクション
小4担任の学級経営
4つの鉄則

千葉県公立小学校　髙橋　朋彦

1　　4年生特有の難しさを強みに変える

　「大人は何歳から？」と聞かれたら，皆さんは，18歳や20歳とお答えになるのではないでしょうか。4年生には，9歳か10歳の子がいます。どちらの年齢も，成年年齢の半分です。私は，成年年齢の半分である4年生ごろから，大人に向けて変わり始めるのではないかと考えています。

　大人に向けて変わり始める時期ということを踏まえ，4年生には次のような特徴があると考えています。

①ギャングエイジが始まり，大人より友だちとの関係を重要視する

②友だち同士の関わり方を知らず，トラブルが多い

③行動力があり，手がつけられないほど勢いがすごい

　「4年生は難しくなる時期」という話もよく聞きますが，4年生の特徴を理解し，学級経営をすることで，4年生の難しさを4年生の強みに変えることができます。

　例えば，以下のようなことです。

・子ども同士の人間関係を重視した学級経営をする

・関わり方を教えることで，よりよい人間関係をつくる

・力をよい方向に発揮できるように教える

2　4年生前半と後半の違いを認識する

「4年生は難しくなる時期」という話を分析すると，夏休み以降に学級経営が難しくなってきているケースが多いようです。私の経験上，4年生の1年間は，前半と後半で次のように変化するように感じます。

> 前半→子ども：大人の言うことを素直に聞ける
> 後半→大人　：大人の言うことよりも子ども同士の意見を大切にする

このため，後半に前半と同じような学級経営をすると，教師の言うことを聞かなくなり，難しくなってくるのではないかと考えます。
そこで私は，この変化を強みに変えるために次の2つを心がけています。

> 前半→学級経営をするうえで大切なことを子どもに教える
> 後半→前半に教わったことを基に子どもたちに任せる

前半は教師が中心となって大切にしたいことをたくさん教えたり，そのよさを味わわせたりします。後半は，そこで身についた大切にしたいことが友だち同士で協力して力を発揮できるような場づくりをしていきます。

私は，学級経営を行ううえで，「教室の言語環境」「男女問わずだれとでも協力できる人間関係」の2つを大切にしています。
この2つを軸として学級経営を行うために，「子どもから大人に変わる時期」「前半は子ども，後半は大人」という4年生の特徴を，強みにできるように工夫しています。
学級経営で大切にしたいことも，4年生の特徴を押さえることで，伝わりやすくなります。

3　教室の言語環境を整える

「バカ」「アホ」「クズ」

子どもたちは，当たり前のように人を傷つける言葉でコミュニケーションを取ります。

「えー」「やだ」「めんどくさい」

子どもたちに何か投げかけると，当たり前のように後ろ向きな言葉を使います。そこで私が実践しているのが，次の２つです。

① 「ふわふわ言葉」と「ちくちく言葉」の違いを体感させる
② 「ポジティブ言葉」を教える

この２つの実践は，教師の言葉が届きやすい夏休み前に行います。

① 「ふわふわ言葉」と「ちくちく言葉」の違いを体感させる

こちらは，上越教育大学の赤坂真二先生の実践を参考にして，次のように実践をしています。

1　教室に増やしたい「ふわふわ言葉」を１人１発言であげる
2　教室に増やしたい「ふわふわ言葉」ベスト３を決める
3　決めた言葉を掲示物にする
4　「ちくちく言葉」も同じように話し合う
5　決めた言葉を使う／使わないを，教師も子どもも徹底する

「ふわふわ言葉」ベスト３は，教室に掲示していつでも振り返られるようにします。「ちくちく言葉」は学級の実態により掲示するか否かを決めます。

子どもが「ふわふわ言葉」を使っていたら教師が価値づけます。逆に，「ちくちく言葉」を使っていたら，掲示物に立ち返って指導します。自分たちで決めたことを自分たちで守るようにすることで，言葉が整ってきます。

② 「ポジティブ言葉」を教える

学級で大切にしたい「ポジティブ言葉」を子どもたちに教えます。たくさんのポジティブ言葉がありますが，私は特に次の３つを教えています。

「男女問わずだれとでも」「ようしやるぞ」「挑戦を応援できる人になろう」

これらの言葉を教え，日常から教師が使い続けることで，男女問わずだれとでも協力したり，挑戦を応援したりすることができる人間関係づくりにつなげていきます。

4 　男女問わずだれとでも協力できる人間関係をつくる

男女問わずだれとでも協力できる人間関係をつくるために，次のような実践が考えられます。

　　　　　　・ミニレク　　　　・授業の対話活動
　　　　　　・学校行事　　　　・日常生活での協力体験

ミニレクも，ただ楽しむだけではなく，男女問わずだれとでも協力できる人間関係をつくるために行います。授業の対話活動は，学力向上だけでなく，教えたり教えてもらったりと，関わりながら学ぶよさを味わわせます。学校行事は，目標に向かって力を合わせる体験をさせます。日常生活では，朝の会や帰りの会，給食準備などに協力して取り組ませ，男女問わずだれとでも協力できる集団づくりをしていきます。

本書には，４年生の学級経営を充実させるための実践がたくさん紹介されています。これらの実践は，４年生が子どもから大人に変わる時期であり，年度前半は子ども／後半は大人であることを意識し，教室の言語環境を整え，男女問わずだれとでも協力できる人間関係をつくることで，より成果が上がるものになると考えます。

本書が読者の先生方の学級経営のお役に立てば幸いです。それでは，ともに学んでいきましょう。よろしくお願いいたします。

CONTENTS
もくじ

4月の
学級経営の
ポイント

1 新年度の第一歩の重要性を理解する

「何を言うか」も大切ですが，実は「だれが言うか」の方がもっと重要なことがよくあります。例えば，研究授業後の研修会で信頼している教師とそうでない教師が同じように「あの発問はもう少し検討した方がよかったのでは？」と言ったとします。ここで，あなたはどちらの意見を重視しますか。おそらく，信頼できる教師の意見を重視する人が多いのではないでしょうか。

また，人には「初頭効果」という心理的な傾向があります。これは，最初に受けた印象や情報が後々まで強く記憶に残るというものです。例えば，ある先生が最初の月からとても親しみやすく，わかりやすい授業をしていれば，その先生がよい先生だという印象が1年間続くことが多いのです。

これら2つのことから，4月，つまり学年が始まる時期は，保護者や子どもたちとの信頼関係をしっかりと築くために大切であることがわかります。この期間に全力を注ぐことが，1年間の学級経営においてとても大切なのです。

2 子どもの不安を和らげ，ワクワクを大きくする

新年度が始まると，子どもたちは「今度の担任はどんな先生なんだろう？」「新しく同じクラスになった友だちはどんな子なんだろう？」と期待と不安で胸がいっぱいです。

そんな子どもたちの不安を少しでも和らげ，よりワクワクするような出会いを演出します。その1つとして「始業式の手紙」（大野睦仁先生の実践）を子どもたちに渡します。「始業式の手紙」には，前年度の引き継ぎ事項や指導要録を参考に簡単なメッセージを書きます。この手紙を渡すと，子どもたちの不安そうな顔つきが一気にパッと明るくなります。その他にもクイズアプリのkahoot!を活用した担任クイズやクラスの子どもたちの自己紹介を基にしたクイズを行います。

このように，子どもたちがワクワクし，教師だけでなく，友だち同士ともつながり合えるようなしかけをいくつも行います。そうすることで，「この学級の先生や友だちとなら，1年間楽しく過ごせそうだ」という期待感を子どもたちが抱くことができます。

3 子どもがワクワクする 授業開きを行う

　今まで知らなかったことを新しく知るというのは，本来とても楽しいことのはずです。しかし，残念なことに，学年が上がるにつれて，学びへの興味関心を失ってしまう子どもたちが多くなってしまう傾向があります。

　他方で，中学年の子どもは，新しいことには興味をもってくれることが比較的多いものです。だからこそ，子どもたちの知的好奇心がさらに喚起されるような授業を１年間通じて各教科で行い，学ぶことの楽しさを味わわせてあげたいものです。

　そこで，授業開きでもワクワクするような授業を行います。例えば，国語であれば「ながめて楽しい漢字５万字」のポスターを用意

し，漢字の奥深さを感じさせます。授業後，多くの子どもが夢中になって辞書やタブレットを使って漢字について調べようとします。

　他者から知識や技術を教えられるのではなく，このように自らの興味関心に基づいて知識や技術を身につけていくといった経験を子どもたちに積ませることが，自律した学習者への第一歩です。

　また，子どもたちは今まで知らなかったことをたくさん教えてくれる教師には一目置いてくれるようになります。冒頭に述べたように「何を言うか」よりも「だれが言うか」がとても大切です。こういった視点からも，４月のこの時期に，授業開きで子どもたちの知的好奇心を喚起させられるようなワクワクする授業を行うことはとても大切なのです。

（小野　領一）

【参考文献】
・大野睦仁『「結びつき」の強いクラスをつくる50のアイデア』ナツメ社

春休み
「やることリスト」

1 3月中にやること

①学年・学校単位でやること

- 前年度からの引き継ぎ（児童のことや学年行事等）
- 学年の指導方針や目標の原案づくり
- 学年分掌の割り振り，組織図作成
- 担当クラス決定　名簿作成
- 学年通信の下書きの作成
- 教室，廊下，黒板，ロッカー，靴箱などの清掃
- 新年度に差し替える書類などの準備，確認
- 児童名簿の作成

　担当学年や校務分掌の正式決定は，新年度になってからですが，実際には年度末にわかっている学校が多いと思います。

　とはいえ，新しい学年のメンバーには4月に異動してくる方もいるでしょう。そこで，可能な範囲で仕事を進めておくと，4月からの多忙が多少は軽減されます。

　まず最優先でやりたいのは，児童の引き継ぎです。異動してしまう方からは特に念入りに，気になる児童についての情報を集めておきます。またそれを基に，どのような指導に力を入れていくべきか，その原案を練っておきましょう。あとは，時間の許す範囲で，4月から行う事務処理を進めておくようにしましょう。

②学級担任としてやること

・学習内容の確認（教科書を読む）
・教科指導や学級経営についての情報収集
・学級経営の柱の検討
・学級開きで何を話すかなどを検討

　３月中では，担当学年しかわかっていないことも多いでしょうし，さして時間のゆとりもありません。そこで，最低限やっておきたいのは，４年生ではどんな学習をするのか，どんな行事があるのかを確認しておくことです。それによって，特にどんな準備が必要なのか見えてきます。

　まずは，１時間程度でよいので，教科書をざっと読みましょう。それにより，どんな学習をするかイメージがつかめます。

　次に，過去に４年生を担任したことがあるならば，そのときの資料を探し出しておきましょう。前回の実践を基にさらに一歩進めることで，自身の力量がアップします。もし４年生の担任がはじめてならば，昨年の担任に週指導計画などの資料を借りましょう。

　可能な限り，４年生の学級経営に関する本（まさに本書がそうです）を３月中に一読しましょう。さらに，４年生というキーワードで教育書，教育雑誌，ネット上の情報を探しておくとよいでしょう。

　情報収集が終わったら，本年度，教科指導で力を入れたいことを決めます。小学校では多くの教科を担任が教えますが，自分の得意教科を決め，その中でも，今年は特にここをがんばるということを決め，計画的に授業力を高めましょう。

　また児童の実態がわかっていれば，学級経営で特に力を入れたいことを決めます。例えば「あいさつや返事をしっかりできるようにしよう」「クラスの問題を子どもたちで解決できるようにしていこう」などです。それが決まると，学級開きで話をする内容も定まってくるでしょう。

４月

2　4月に入ってやること

①学年・学校単位でやること

- ・指導方針の確認と学年目標の決定
- ・学年内の役割分担の確認
- ・教科書，副読本の確認
- ・教材選定，発注，購入，確認
- ・学年だよりの作成
- ・給食，清掃指導など方針共有
- ・指導要録などの必要書類差し替え
- ・始業式当日やその後1週間程度の動きの確認
- ・配付物の確認
- ・学級編制名簿の掲示準備

　3月中にある程度，学年の指導方針や目標を決めていると思いますが，新メンバー全員がそろうのは4月に入ってから。全員そろったところで，それらを確認します。4月に異動してきた新メンバーには，児童の実態を含め，丁寧に説明しましょう。また，学年内の役割分担もあわせて行い，だれが，いつまでに，何をするのかを明確にしておきましょう。また，学校開始後1週間程度の行事や，やらなければならないことなどを早めに確認しておきましょう。

　次に，教科書，副読本の数を確認し，始業式前日までに教室に運びます。

　教材選定は昨年の担任に，選んでよかったもの，必要なかったものなどないか調査してから，決めましょう。

　4年生はクラス替えがないこともあるでしょうが，そのような場合でも，給食や清掃指導などのやり方を確認しておきましょう。学級ごとに微妙にルールが違っていたり，昨年度の反省点があったりするかもしれないからです。

②学級担任としてやること

- 学級名簿作成
- 教室環境の確認，整備
- ロッカーや下駄箱の名前シールの作成
- 座席表，時間割表，給食・掃除当番表の作成
- 黒板メッセージの作成
- 初日のあいさつの検討，練習
- 最初の１週間の流れの確認
- 授業開きの準備
- 気になる児童の確認
- 配付物の確認

　学級担任として行う準備には，事務的な準備と，よりよい学級づくり，授業づくりのための準備があります。事務的な準備については，上記例を参考に，各学校の実態に合わせて取り組んでください。

　大切なのが，よりよい学級づくり，授業づくりのための準備です。

　名簿は単に作成するだけでなく，児童一人ひとりの名前も覚えてしまいましょう。クラス替えのない持ち上がりの場合は，一人ひとりのよさ，課題などを確認しておきましょう。

　子どもたちが気持ちよく新学年をスタートできるように，教室環境の確認も忘れずに。教室はきれいですか。埃は溜まっていませんか。花を飾ったり，黒板にメッセージを書いたりするなど，温かく迎え入れるようにしましょう。

　気になる児童の確認も必ず行いましょう。生徒指導上気になるだけでなく，アレルギーなど健康面のチェックも忘れずに。

　安定的な学級経営のためには，学級開きを含め，最初の１週間をどう過ごさせるかも重要です。持ち上がりの場合でも，一からすべてやり直すつもりで，緊張感をもって準備しましょう。

(瀧澤　真)

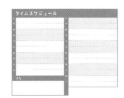

新年度１週間の
タイムスケジュール

１日目

～７：50	・教室の窓の開放 ・教室内の最終点検 ・学級編成表の掲示
８：05 ～ ８：20	・担当クラスの出欠席の確認，学年主任に報告 ・体育館に引率
８：30 ～ ９：15	着任式，始業式 ・転入職員紹介，学級担任発表 ・教室へ引率指導
９：25 ～ 10：10	学級開き①（学級活動） ・出席番号順に座らせる ・担任の自己紹介　・児童の呼名 ・基本方針を伝える
10：30 ～ 11：15	学級開き② ・教科書，手紙の配付 ・基本ルールの確認 ・１年間の流れを伝える
11：15 ～ 11：30	帰りの会 ・今後の予定の連絡 ・明日の登校・下校時刻，持ち物等の連絡

11：40	・一斉下校 ・教室の整理・整頓
13：00〜13：30	・職員打ち合わせ
13：30〜15：00	・学年会

　子どもとの大切な出会いの日です。万全の準備をして臨みましょう。第一印象が大切です。服装や髪型にも気を配りましょう。

　ここでのタイムスケジュールは，私の勤務する地域での一般的な流れです。各地域の実態に合わせてアレンジしてください。

　始業式での担任発表までは，子どもたちはだれが担任かわからない状態です。そんなときこそ子どもウオッチングのチャンスです。姿勢のよい子はだれか，一生懸命に校歌を歌っているのはだれかなどをよく見ておき，後でほめるようにしましょう。担任名が発表されたら，元気よく返事をして，笑顔で子どもたちの前に立ちましょう。

　教室に戻ったら学級開きです。配付物が多いので，出席番号順に座らせます。あらかじめそのことを板書しておくと，時間短縮になります。それから，自己紹介と進級を祝う簡単なあいさつをします。できるだけ明るく楽しい自己紹介を考えておきましょう。

　次に，子ども一人ひとりの名前を呼びます。持ち上がりの場合には，簡単に激励のメッセージを添えましょう。

　それから，基本方針を伝えます。ここが初日で一番大切な部分です。担任の思いを短めに，しかし思いを込めて伝えます。しっかりとシナリオをつくって話をします。

　学級開き②では，教科書や手紙の配付などを行いますが，ここでの確認を怠ると，あとで「教科書がない」「副読本がない」などトラブルになります。家庭調査票や学年だよりなども確実に配付します。提出期限のある書類については，あらかじめ一覧にしておくとよいでしょう。

1時間目	朝の会 学級活動	提出書類等の回収と確認 本日の動きの確認 自己紹介
2時間目	入学式	4年生としての自覚をもって入学式に参加
3時間目	身体測定	更衣室の場所，使い方の確認 無言で移動・待つことの確認 お礼「お願いします」 　　「ありがとうございました」 時間が余ったら，自己紹介カードの作成
4時間目	清掃指導 帰りの会	基本的な掃除の仕方を確認 明日の登校・下校時刻，持ち物の確認

　今日は入学式。4年生も出席する場合，子どもにとっても担任にとっても，慌ただしい1日になります。昨日一度確認したといっても，細々としたルールは身についていないので，それらを確認しながら1日を過ごすことになります。クラス替えがない場合，ここを曖昧にしがちです。くどいと思われるくらい丁寧に，様々なことを確認しましょう。

①教室で出迎える

　可能な場合，朝は教室で子どもたちを出迎えましょう。できるだけ元気よくあいさつをします。「今日も元気だね」など，ひと言かけられれば最高です。ちょっとしたコミュニケーションが子どもたちの安心につながります。

②提出物の回収

　登校した子から，昨日配付した家庭環境調査票や保健調査票を出してもら

います。すぐにその場でチェックすると，後で回収するよりも手間がかかりません。

③朝の会

教師がサポートしながら，昨日示した通りにやらせます。司会のやり方マニュアルを作成し，その通りにやらせるとよいでしょう。

④学級活動

１時間目は学級活動です。昨日のうちに１分程度の自己紹介を考えてくることを宿題にしておきます。持ち上がりの場合は，「今年特にがんばりたいこと」というテーマでスピーチしてもらいましょう。

⑤入学式

行事の趣旨をしっかりと説明し，よい態度で参加できるようにしましょう。担任にとっては，姿勢のよい子や話の聞き方のよい子を見つけるチャンスです。教室に戻ったら，そういう子をたくさんほめてあげましょう。

⑥身体測定

身体測定も集団行動や礼儀を教えるチャンスです。測定してくれる職員に，気持ちのよいあいさつやお礼が言えるように指導しましょう。身体測定は終わるまでに時間差があるので，早く教室に戻った子への指示を忘れずに。

⑦清掃指導

本格的な清掃が始まります。再度やり方やルールを確認します。清掃用具の使い方，清掃の仕方，きまりなどを確認し，それができているかチェックしましょう。清掃場所が複数にまたがる場合には，巡回指導を忘れずに行います。

1時間目	学級活動	どんな係が必要か話し合う 係の決定
2時間目	学級活動	係のメンバーや仕事を明記したカードの作成
3時間目	国語	授業開き　最初は楽しい内容で
4時間目	算数	簡単な問題に取り組ませ学習ルールを確認する
	給食・掃除・ 昼休み	教えたやり方ができているか確認する できていないことはその場でやり直しさせる
5時間目	学年集会	4年生の学年目標の確認 4年生の行事の紹介

①係活動を活性化させる

　今まで以上に子どもたちに係活動を任せ，学級活動を活性化させていきましょう。そのために，まずは昨年の様子を聞きながら，どんな係が必要かを話し合っていきます。

　クラスをよりよくしたり，もっと楽しくしたりするために必要な係は何かと呼びかけ，様々なものを考えさせましょう。当番と係の違いを教えていくのもよいでしょう。子どもたちからあまりアイデアが出ない場合，本書などを参考に，教師から提案してみましょう。

②国語の授業開き

　その学年になってはじめての授業は，自分が一番自信のある教科で行いましょう。どの子も参加でき，楽しめるような内容が適しています。

　例えば，私は国語が好きなので，どの学年でも言葉あそびや漢字クイズなどをやるようにしています。単なるあそび，クイズではなく，「国語っておもしろいな」と思ってもらえるような内容がよいでしょう。「授業開き」特

集の雑誌，書籍を手に入れたり，ネット検索したりして，楽しそうだなという実践を真似してもよいでしょう。

③算数の授業開き

　楽しい内容で行う授業開きに続いては，ノートの使い方などを確認するような授業にも取り組みましょう。

　教科書，ノートなどの机上の配置，日付やページ数をノートのどこに書くのか，重要事項は赤線で囲むなど，実際に授業しながらルールを確認していきます。こうしたしつけを，早めに行うことで授業が安定します。

④給食・掃除・昼休み

　給食開始日は，特に注意が必要です。給食の乱れが学級の乱れにつながることが多いのです。配膳の約束が守られているか。静かに待つことができているか。おかわりなどで，自分勝手なルールを適用していないか。そんなことへの目配りが必要です。できていなければ優しく指摘し，やり直しさせます。そして，できている子を大いにほめましょう。それによりルールを定着させます。アレルギーの子にも注意しましょう。

　掃除も，やり方が身についている子を探し，帰りの会で何がよかったのか具体的にほめましょう。タブレットで様子を撮影し，それをみんなで見るような取組も有効です。

　昼休みは，子どもたちと一緒に遊びましょう。たとえ昨年から知っている子でも，違った面を発見することがありますし，再確認できることもあるでしょう。

⑤学年集会

　集会の場所への移動は，集団行動練習のチャンスです。いつでも素早く静かに並べるようにしておきましょう。そのためには，うまくいかなかったときにやり直しができるよう，早めに廊下に並ぶように指示しましょう。

1時間目	学級活動	全体写真や個人写真を撮影する
2時間目	学級活動	個人目標を考え，カードに記入する
3時間目	国語	3年生で学習した漢字のテスト　音読チェック
4時間目	算数	計算を中心に3年生の学習内容のテスト
	給食・掃除・昼休み	当番活動のやり方が身についているか見守りながら確認する 遊んでいる子の様子を観察する
5時間目	社会	住んでいる県の様子などを話題にしながら，社会科の学習の概要を知らせる
6時間目	体育	並び方，集合の仕方など基本的なことを確認する

　最初の3日間は，慌ただしく過ぎていったことでしょう。しかし，この3日間でしっかりとルールづくりやしくみづくりを行っておけば，その後の学級運営をスムーズに進めることができます。たとえ持ち上がりでも，必ず崩れている部分があるものです。そこを見逃さず，小さなうちに修正していくようにしましょう。

　学級全体の方向性を示すことはできたはずなので，今度は個々の目標を考えさせます。目標は，「何を」「いつまでに」「どのくらい」行うのかなど，具体的に達成できたかどうかがわかるものにさせます。また，達成できているか定期的にチェックすることが大切です。

　学力面での調査も早めに行いましょう。前学年の計算や漢字などをテストし，基礎学力がどの程度身についているのかチェックしましょう。4年生から次第に学力差が大きくなっていきます。早めに課題を把握し，補習等が必要な子はいないか，改めて確認しておきます。

1時間目	理科	理科の学習の概要　学習の進め方などを教える
2時間目	学級活動	1年生を迎える会の練習
3時間目	学級活動	学級レク
4時間目	国語	漢字練習の方法　音読のこつなど基本的なことを指導する
	給食・掃除・昼休み	当番活動のやり方が身についているか，見守りながら確認する 教室に残っている子，ひとりぼっちの子がいないか確認する
5時間目	算数	学習の流れを確認しながら授業を進める
6時間目	道徳	いじめについて考える

1日の生活もだいぶ落ち着いてできるようになってくるころです。ここまでは，どうしても規律を身につけさせる指導が多くなります。そこで5日目には，クラス全員で楽しく遊ぶことができる学級レクなどを行うとよいでしょう。教師も子どもも，一緒になって大いに楽しみましょう。一緒に楽しく遊ぶことで，絆が深まっていきます。

クラス替えがなくて，進級したという実感がもちにくい場合は，「4年生は高学年の仲間です。高学年として低学年のために何かできないかな？」と投げかけましょう。そして，どんなに小さなことでもよいので挑戦させると，自覚が高まります。

いじめについては，早めに道徳等で触れ，絶対に許されないことだと強く伝えましょう。また，いじめられたら，だれに，どのように相談したらよいのかなどを具体的に教えておきましょう。

（瀧澤　真）

4
月

「黒板メッセージ」のアイデア

1　クラスへの思いを込めてみんなでつくる

　これは，みんなでつくる黒板メッセージのアイデアです。

　まず黒板に風船をかいておきます。風船は子どもたちの人数分用意しましょう。次に，子どもたちに風船の中にメッセージを書き込んでもらいます。「こんな学級にしたい」「みんなへのメッセージ」「好きなもの」など，中に書いてもらうことはいろいろなものが考えられます。

　下の例では，「これからどんなクラスにしたいか」という思いを書かせています。これは，子どもたちのクラスへの願いを知る手がかりになりますし，教師が大切にしたいことを伝える場面としても使えます。子どもたちがお互いにどんなクラスにしたいのかイメージを共有することで，学級目標につなげることもできます。

　学級開きに活用するだけでなく，写真に残しておくのもおすすめです。

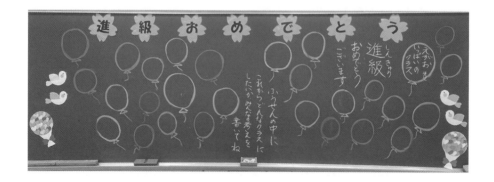

2　隠しメッセージを仕込む

　何気なく黒板に書かれているメッセージの中に，実は隠しメッセージが仕込まれているというアイデアです。下の例では，○で囲んだ文字をつなげて読むと，「さいこう四の一」となります。自分たちでこのしかけに気づけたら，子どもたちはきっととても喜ぶはずです。

　高学年では，隠すメッセージの配列を変えたり，○で囲まないようにしたりすると，もっと難易度が上がります。低学年には少し難しいかもしれませんが，3年生以上であれば，いろいろ工夫して使えるアイデアです。先生が好きな言葉や子どもたちへの想いなどを隠しメッセージに込めると，きっとすてきな学級開きができるはずです。

　また，2学期や3学期の始まりなどでも同様に使えるアイデアです。年間を通して使っていると，「今回はどんなしかけがあるのかな」と子どもたちも期待し，楽しんでくれるはずです。

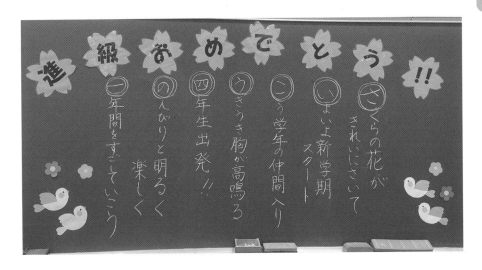

「教師の自己紹介」のアイデア

1　並べ替えゲームで自己紹介を完成させる

　小学校生活の半分が終わり，折り返しの学年とも言える4年生。4年生には，今まで以上に友だちと協働しながら学びを進めてほしいところです。ただ，「一緒にやりましょう！」という思いを伝えるだけでは，4年生の子どもたちには響きません。

　そこで，バラバラになった教師の自己紹介を配付し，班で協力して完成させるというゲームを行います。各班に自己紹介が細切れになった紙が入っている封筒を渡し，それを班で並べ替えてもらいます。完成したら，班全員で読み上げ，教師のかわりに自己紹介を説明してもらいます。その後，「協力すれば難しいこともできるようになるね」と価値づけましょう。

封筒の中に入っている先生の自己紹介

先生の好きなものは，

だからご飯をおかわりしてしまいます。

1つめは，肉だけでなく野菜もたくさんとれるからです。

理由は2つあります。

野菜の中ではタマネギが一番好きです。

焼き肉です。

2つめは，タレの味がこいからです。

今から班に1つ封筒を配ります。その中にバラバラになった先生の自己紹介があります。並べ替えて正しい自己紹介にしてください。

順番を考えて並べ替えないとね。

「理由は2つ」って書いてあるね。

先生の好きなものは，　焼き肉です。

理由は2つあります。

1つめは，肉だけでなく野菜もたくさんとれるからです。　野菜の中ではタマネギが一番好きです。

2つめは，タレの味がこいからです。　だからご飯をおかわりしてしまいます。

できたぞ。理由を見たらわかったね。

話の順番って大切なんだね。

2　ジェスチャーで自己紹介をする

　自己紹介は，耳だけでなく，目でも印象づけたいものです。4年生ともなると，外国語活動の中で身ぶり手ぶりを交えたコミュニケーションを取っています。そういった視覚情報によっても相手の理解が深まるということに気づいてほしいところです。

　そこで，言葉を発さずにジェスチャーのみでの自己紹介を行います。もちろん，あとで答え合わせは音声言語で行いますが，自己紹介が始まったらできるだけ声を発さずにジェスチャーで好きなものや得意なことを表しましょう。子どもは，ジェスチャーでの自己紹介なんて見たこともないでしょうから，「先生が好きなものは何かな？」「得意なことは何かな？」と考えながら教師の方をしっかり見ることでしょう。最後に「しっかり見てくれてありがとう。そんな姿勢はみんなのすてきなところだね」と価値づけましょう。

今から，先生がジェスチャーで自己紹介をします。皆さんは班で話し合って，答えを1つ決めて，紙にペンで書きましょう。

1班	2班	3班	4班
テニス	野球	テニス	野球
5班	6班	7班	8班
野球	テニス	テニス	テニス

どんなことが好きなのかな？

動きをしっかり見て考えたいね！

何かボールを使っているように見えるね。

テニスか野球に決まったようですね。
正解は…テニスです！
中学生のころからやっています。

ボールを打っているように見えるよ！

やった，正解だ！次も当てるぞ〜！

（渡邉　駿嗣）

029

 # 「子ども同士の自己紹介」のアイデア

1　インタビューを受けながら自己紹介を行う

　4年生ともなると，質問内容を考えたり，インタビューしたりする経験を積んできています。そこで，2人組をつくり，互いにインタビューしながら紹介していく自己紹介を行ってみましょう。

　まず，クラスの実態に応じて，仲間はずれをつくらないようにペアを決めます。3人組になっても大丈夫です。10分間程度の相談タイムを設け，何を質問するのかを共通理解しておきます。前日に予告をして，放課後などに相談させるのも1つの方法です。

　相手が嫌がるような質問や，個人情報に無配慮な質問をすることがないように，適切な内容を全員で確認してから始めると安心です。

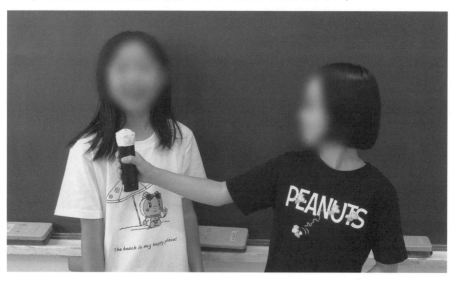

2　校内のとっておきの場所を紹介する

　学校のつくりはそれぞれ異なりますが，子どもたちには，自分が安心できる場所や，気に入った場所があるものです。普段行うような自己紹介に加えて，校内のとっておきの場所を紹介する時間をつくってみましょう。

　まず，ある程度の時間を取って，タブレットなどでお気に入りの場所を写真撮影し，それを見せながら紹介することを伝えます。建物だけでなく，校庭の木や飼育している動物，あるいは虫の生息する草原などでもよいことを話しておきます。音楽室の気に入っている楽器や，体育の運動用具などでもよいでしょう。

　もし，見つけられないときには，友だちに相談してもよいし，友だちと同じ場所でもよいことを確認しておくと，気軽に取り組むことができます。

　発表を聞くときには，発表者の考えを尊重し，冷やかしたりすることがないよう注意しておきましょう。発表後に感想を伝えたり，質問したりする時間を取ると，さらに親密さが増します。

（荒畑美貴子）

「学級通信第１号」のアイデア

1　Web アプリでつくる

　学級通信で最も重要なことは，見た目でも内容でもなく，無理なく継続して発行できることです。Web アプリなら，ネット環境さえあれば，いつでもどこでも作業できるし，クラウド保存で保存ミスもありません。

　おすすめは Canva です。豊富なテンプレートや素材，フォントが使えることも理由の１つですが，テキストや画像を自由に配置できることが最大のおすすめポイントです。

　Canva が使用できない場合は，Microsoft PowerPoint オンラインか，Google スライドで，編集サイズを A4 に変更して作成しましょう。Microsoft Word や Google ドキュメントでは，自由なレイアウトができません。

GoogleスライドをA4縦に設定

PowerPoint OnlineをA4縦に設定

2 デジタル連絡帳の QR コードを掲載する

　デジタル連絡帳を作成して共有リンクを発行し，QR コードにして学級通信第１号に掲載しましょう。

　Canva を使うとしゃれたデザインのデジタル連絡帳を作成できますが，閲覧専用の共有リンクを発行できるアプリであれば Google ドキュメントでも，Excel オンラインでも，なんでも構いません。

　作成した連絡帳には，宿題の連絡や次の日の持ち物など，これまで連絡帳に書いてきたものの他に，アンケートフォームのリンクや，子どもたちの活動の様子を撮影した動画のリンクなどを記入しましょう。X（旧 Twitter）のように新しい情報が上，古い情報は下になるようにすると，効率よく情報を探せます。

　共有リンクはブラウザの機能で QR コードにして学級通信に掲載して，保護者にブックマークしてもらいましょう。

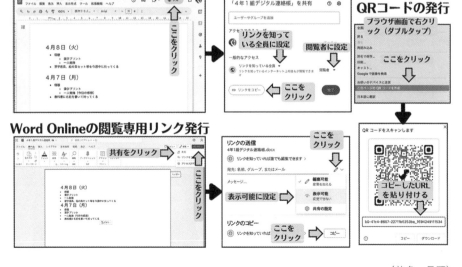

（前多　昌顕）

「学級目標」 のアイデア

1　学級目標のまわりに子どもの手形をつける

　学級目標は，学級を１年間運営していく中で価値の基準となる重要なものです。

　一般企業であれば「企業理念」として，社員が会社としてどんなヴィジョンをもっているか共有することが大切だそうです。学級経営もまさに同様であると言えます。

　しかし，学級目標を作成したところで，教師のみが満足していては意味がありません。子どもたちのものになって，はじめて学級目標の真価が発揮されると言えるでしょう。そのためには，子どもたちが学級目標に愛着をもっている必要があります。

　子どもたちに学級目標に愛着をもたせる手立てとしておすすめなのが，子どもたちの手形を学級目標のまわりにつけるという方法です。それだけでぐっと愛着がわきやすくなります。

　アクリル絵の具やポスターカラーなど学校にあるものを使えば，新たに材料費もかかりません。手軽に作成できることもおすすめのポイントです。

2 一人ひとりに担当を与える

　学級目標の掲示物は，多くの場合先生がつくっているのではないでしょうか。これを，担当を決めて子どもたちにつくってもらうのはどうでしょうか。見た目は先生がつくったものよりも劣りますが，子どもたちが学級目標に愛着をもつという意味では，非常に効果の高い活動です。

　例えば，「せっきょくてきに学びあう。友だちにやさしく親切にし合う。明るく元気にはげましあう」という目標を立てたとしましょう。この目標を１文字ずつ全員につくってもらうのです。すると，全員が等しく学級目標づくりに関わったという事実が生まれ，愛着が増します。転校生が来たら，「！」をつけ足すなどの工夫も可能です。

　さて，そもそもなぜ愛着をもつことが必要なのでしょうか。それは，子どもたちに学級への「所属感」をもたせることが重要だからです。所属感とは，私もこのクラスの中にいていいんだ」と感じられることです。もちろん学級目標に愛着をもつだけで所属感が高まるのかというと，そうではありません。しかし，学級目標に愛着をもち，学級として共通の価値をもって成長するという一連が，子どもたちの所属感を高めると考えます。

　大切にしたい価値があまりにもバラバラになっていると，子どもたちは不安になってしまいます。だからこそ学級目標が大切になります。

　学級目標づくりにこうしたひと工夫を入れてみるのはいかがでしょうか。

（篠原　諒伍）

生活指導のポイント

1 「持ち物」の指導のポイント

①持ち物への記名を徹底する

　持ち主が不明の落とし物があると，持ち主を探す手間が生じます。それが１日に何回もあるようだと，教師にとっても子どもにとってもストレスになってしまいます。最初は，落とし物を見つけると「これ，だれの？」と聞いて回ってくれていた子たちも，それが続くとだんだん面倒くさくなり，落とし物があってもそのままにしておくということになってしまいます。

　環境の乱れは荒れにつながりがちです。そうならないために，まずは持ち物に記名することを徹底させます。これによって，ものを大切にする気持ちを育てます。学年だよりや学級通信，保護者会などで呼びかけ，保護者の協力を得るようにします。そのうえで，書いていないものがあったときには，その場で子どもに記名させるようにします。「その場で」というのがポイントです。４年生であればたいてい自分で書けますが，子どもによっては教師が書いてあげた方がよい場合もあるでしょう。そのときには，「先生が書いてもいい？」と必ず断ってから，丁寧に書くようにします。

②持ち物の住所を決める

　記名したうえで，「どこに何を置くのか」という「持ち物の住所」を決めておきます。その際，どこに何を置いたら子どもたちが使いやすいか，すっきりするかなどを，教師が事前にイメージしておくことが大切です。

　よく持ち物をすべて廊下のフックにかけているクラスがあります。体操服袋，手提げ，上履き入れ，絵の具，習字道具，それらすべてを１本のフック

にかけるように教師が指示しているのです。子どもたちはそうしようとしますが，うまくいくはずもなく，廊下にものが落ちている状態が基本になってしまっています。これは，安全面からも好ましくありません。

　上履き入れなど週に一度しか使わないものは，まとめて段ボールに入れておき，使うときにまとめて配るようにします。絵具や画板など場所を取るものは，空き教室のロッカーを使わせてもらうなど工夫するようにします。

　個人の持ち物が，床や棚の上に無秩序に置かれてしまうと，教室が雑然としてしまいます。持ち物の住所を決めておくことで，個人の持ち物が床の上や棚の上に勝手に置かれているということがなくなり，すっきりします。

③必要のないものは持って来ない

　また，不要なものは学校に持って来ないということも年度はじめに押さえておきたいところです。

　そのためには，入学時に学校から各家庭に配付されている「入学のしおり」を教師がよく読んでおき，子どもたちが学校に持って来るものは何かを確認します。教師の独自ルールになってしまわないようにするためです。

　そのうえで，学習に必要のないものは持って来させないようにします。これを最初に指導しておかないと，キーホルダーやストラップなど自分の好きなものをどんどん持って来るようになってしまいます。これらは，「壊された」「なくなった」などのトラブルの原因になりがちです。「学習に必要のないものは持って来ない」ということを最初に徹底し，トラブルを未然に防ぎます。

2　「靴箱の使い方」の指導のポイント

　靴箱の上の段に上履き，下の段に外履きを入れます。

　つま先ではなく，かかとの方をそろえるようにすると，丁寧にしまおうという意識をもちやすいです。

最初に，子どもたち全員を靴箱の前に集めて指導をします。もちろん，それだけでみんなができるということはありません。

毎日繰り返し指導していくことが必要です。

このとき，全体に向かって「今日はたくさんの人がそろっていませんでした」と指導しても，あまり効果がありません。だれがどのような状態だったのか，個別に評定するのが効果的です。

そこで，毎日靴箱の様子を写真で撮っておきます。

子どもたちが下校した後，タブレットでクラスの靴箱の写真を撮ります。

翌日の朝の会で，教室の画面にその写真を映します。写真を見せながら，「1番○，2番○，3番△…」と出席番号順に靴をそろえて入れているかどうか評定していきます。1か月も続けると，たいていみんながきちんとそろえるようになります。

下校後に写真を撮るだけでは，上履きがそろっているかどうかしか見ることができません。上履きがそろうようになったら，外履きがそろうように，子どもたちが全員登校した後，朝の会の前に写真を撮るようにします。

1年間写真を撮り続けるのは大変なので，年度はじめに集中的に行います。そうすることで，きれいにそろえるということが継続します。しかし，それも全員がずっとそろえるということではないので，途中途中で抜き打ち的に写真を撮って評定をします。

指導の基本は，1点突破全面展開です。靴をそろえることを通して，ものを丁寧に片づける習慣を育てることをねらっています。

3 「あいさつ」の指導のポイント

はじめに，あいさつの大切さを次のように語ります。

「あいさつをすると，相手との心の距離を縮めることができます。あいさつは，人と人とがつながるためにとても大切なものです。大昔，仲間であることを相手に知らせるためにした合図があいさつの起源だという説もありま

す。あいさつをして，たくさんの人と仲良くなりましょう」

　そして，どんなあいさつがよいのか「あいさつのポイント」を考えさせます。子どもたちからは，「笑顔で」「自分から先に」「元気に」などが出ます。出てきたことを「４年○組のあいさつのポイント」として掲示します。

　もちろん，これだけでみんなができるようにはなりません。教師がお手本になるあいさつをすること，よくできている子をほめ続けることが大切です。

　そして，ときどき「10人以上の人にあいさつをしよう」「先生とどっちが先にあいさつができるかあいさつ勝負だ」などとキャンペーン的な取組をしていきます。楽しい雰囲気でやることがポイントです。

4　「ルール」の指導のポイント

　年度当初に，ルールの確認をします。

　生徒指導部から「学校のきまり」が年度はじめに出されることが多いので，それを使って学校全体のルールを確認します。その際「このルールは，何のためにあるのかな」と考えさせることが大切です。そして，ルールを守ることを通して，「自分のことだけでなく，まわりの人のことも考えられるようになってもらいたい」という願いも語るようにします。

　さらに，学級のルールも確認します。前年度までのことも考慮しながら，「４年○組のルール」として，子どもたちの意見を聞いてつくっていきます。その際，ある程度教師の方でたたき台を準備しておきます。そうでないと「ああでもない」「こうでもない」と話し合いに時間がかかってしまいます。年度当初には他にやることもたくさんあるので，ここではそれほど時間をかけません。後で変更することもできますので，とりあえずのルールということで決めます。ここで決めたルールは，掲示物にまとめておきます。決めただけでは子どもたちも教師も忘れてしまうからです。

　そして，帰りの会などで，「『４年○組のルール』が守れた人？」と聞くなど確認をすることが大切です。

学習指導のポイント

1　「話し方」の指導のポイント

　年度はじめは，声を出す活動を多くして，声を出すことに慣れさせることが大切です。みんなで返事をしたり，音読をしたりして，声をどんどん出させていきます。量の確保です。声を出すことで，度胸をつけ，自信をもたせます。また，ペアでの話し合い，班での話し合いなど少人数での話し合いの時間をしっかり取るようにします。

　子どもたちが全体に向けて発言をするときには，何も指導をしないと，子どもは教師に向けて話そうとします。これでは，授業が教師対指名された子どもで進むような形になってしまいます。

　そこで，発言するときにはみんなの方を向いて話すように促します。具体的には，人が多い方に体を向けて話すようにするのです。そのように指導し

ても，教師に向けて話すというのはなかなか直りません。そこで，教師が立ち位置を変えるようにします。教師がずっと前にいるのではなく，発表する子の反対側に立つなどします。

　また，発表するときには，聞いている子の反応を促すような発言の仕方を身につけさせるとよいでしょう。そのために，次のような話し手と聞き手のやりとりを指導します。

・発表者は，みんなの方を見て自分に視線が集まっていないようだったら，「いいですか？」と聞く。聞いているみんなは「はい」と答える。

・発表者が「…ですよね？」と言ったら，聞いているみんなは「はい」と答える。

・発表者は自分ですべてを言うのではなく，「…は何ですか？」「…はいくつですか？」などと質問を入れる。聞いているみんなは「…です」と質問に答える。

2　「聞き方」の指導のポイント

　教室においての「聞く」とは，単に耳から情報を入れるだけではなく，相手にしっかりと聞いているということを態度で伝え，安心して話してもらうためにする行為です。

　聞くときには，発言している子に体を向けて，「うんうん」とうなずいて聞くとよいということを最初に指導します。

　そして，相手の聞き方が話す人にとっていかに大事かを実感してもらうために，次の活動をします。

①ペアになって，話す役と聞く役を決める。

②話す役が30秒間「私の好きなもの」について話をする。

　（実態によってはメモを書く時間をつくってもよいでしょう）

　その間，聞く役は「悪い話の聞き方」で聞く。

③役割を交代して同じことをする。

④話す役にどんな気分だったかを聞く。

⑤もう一度，話す役が30秒間「私の好きなもの」について話をする。

　今度は，聞く役は「よい話の聞き方」で聞く。

⑥役割を交代して同じことをする。

⑦話す役にどんな気分だったかを聞く。

　よい話の聞き方で聞いてもらえた方が話しやすいということが体験を通して実感できます。

　この後，「4年○組話の聞き方のルール」を決めて，掲示しておきます。そして，折に触れて「『4年○組話の聞き方のルール』は守れているかな？」などと子どもたちに聞くようにします。

3　「ノート」の指導のポイント

　年度はじめは，新しいノートを使い始めることが多いでしょう。新鮮な気持ちでノートを使い始めることと思います。そんな今が指導のチャンスです。

　まずは，ノートの見本を見せて，よいノートのイメージをもたせます。見本は教科書のはじめのページにあるものをそのまま使ってもよいし，それをアレンジしたものを教師がつくってもよいでしょう。

　そして，次のようなノートづくりの約束を示します。

・下敷きを使う。

・直線は定規で引く。

・最初はゆったりとスペースを取って書き，後から思い浮かんだことや友だちの考えを書き込むようにする。

・思い浮かんだことはふきだしで書き込む。

・友だちの考えは青で書き込む。

　実物投影機などを使って，教師が一緒にノートづくりをしていくと，よりわかりやすいでしょう。

　あわせて，鉛筆の持ち方や定規の使い方なども，この時期にもう一度確認

しておくとよいでしょう。

　上手に書けている子を見本として，紹介していきます。

　また，上手な子だけでなく，全員がペアや班でノートを見せ合い，お互いのよいところをコメントで書き合うと効果的です。

　そして，教師からどの子も積極的にほめるようにします。「4年生になったら，ノートが上手に書けるようになった」と思ってもらえるように，よいところをどんどん声に出してほめていきます。

4　「計算」の指導のポイント

　4年生の学習の最大の難関は，「わり算の筆算」です。

　これは，「①たてる　②かける　③ひく　④おろす」というアルゴリズムでできるのですが，そもそも九九が正確に覚えられていない，ひき算の答えがぱっと出てこない状態では，かなり難しい計算です。「わり算の筆算」の単元が始まるまでに，計算力をアップさせておく必要があります。

　そこで，年度はじめから算数の授業の最初の5分を使って，計算の復習をします。やり方を確認した後は，10マス計算や100マス計算などの計算練習をして，計算の答えがぱっと出てくるように練習していきます。

　また，年度はじめに，2年生でやるような「かけ算九九の暗唱を先生の前でする」といったことをもう一度行います。各段とも「①はっきり　②すらすら　②10秒以内」で合格とします。この時期に，子どもたち一人ひとりと教師で一対一のコミュニケーションを取ることもできるので一石二鳥です。

　そのうえで，本丸であるわり算の筆算のトレーニングを繰り返します。授業で何度かやっただけでは身につきません。繰り返し繰り返し練習していくことが大切です。

（飯村　友和）

「教室環境」づくり

1　極力ものを持ち込まない

　始業式の前の教室は，机といすが置かれているだけで，ガランとしています。「子どもたちがいない教室というのは，こうも静かで広く感じるのか」と毎年思わされます。その広々とした教室を，できるだけそのまま子どもたちに使わせたいものです。

　そのためにまず担任が意識するべきは，「極力ものを持ち込まない」ということです。雑然とした環境では，子どもたちは落ち着いて生活できません。教室に置くものを精選し，当座必要なものだけ置くようにしましょう。

　教室は，子どもたちのものです。担任があれもこれもと詰め込まず，せめて4月はすっきりした環境で子どもたちを迎え入れるようにしましょう。

2　子どもたちが学び合える場をつくる

　授業で子どもたちは様々な考えをもちますが，４年生の学習は抽象度が上がり，自分の考えを述べることに苦手意識をもつ子どもも増えてきます。

　そこで，教室の一角に「学び合える場」をつくってみてはいかがでしょうか。そこには，子どもたちが自由に書けるホワイトボードなどを用意しておきます。

　自分の考えを書く，子ども同士で考えを組み立てるメモ代わりに使う，友だちの考えの説明を聞くなど，様々な使い方ができることを，子どもたちに知らせます。

　そして，それを見に行くことは自由であること，自分の考えがもてない場合にヒントとして見るのも大歓迎であることも教えます。

　学びというのは，いつも自分１人で組み立てなければいけないわけではありません。子ども同士で「ああでもない」「こうでもない」と言い合える場を確保しておくことで，学びは「孤独な作業」ではなく「つくり上げるもの」になっていきます。

3　子どもたちとつくる

　4月に子どもたちとつくる教室環境といえば，学級目標の掲示が代表的なものですが，それ以外にも「子ども参加型」でつくれるものがあります。

①誕生日掲示

　似顔絵に誕生日を書き入れて月ごとに掲示するだけです。「明日誕生日なんだね」「10歳おめでとう」と声をかけられた子どももうれしそうです。

②座れるスペース

　床に座って活動できる場所を，子どもたちの必要に応じてつくれるようにしておきます。マットを置いていたときは，休み時間に広げて座っておしゃべりする子どもや，授業中にそこに座って議論する子どもたちがいました。床に座ることが落ち着く子どももいます。

　右の画像は，「体育館にバスケットボールをしに行くとき，バラバラに体育館に集まるから，いつも試合の途中でチーム決めをやり直さないといけない」という声から生まれた「体育館に行く人が待ち合わせで集まるバスケ停」です。子どもたちの声から生まれたものです。

　「どんな教室が居心地いい？」

　そんな教師の投げかけから，子どもに自分たちの環境に目を向けてもらうようにしましょう。

4　放課後の点検

子どもたちが下校した後，教室を見渡してみましょう。
こんなことはありませんか。

・黒板の溝が汚い。　　　　　・雑巾がきちんとかかっていない。
・ごみが落ちている。　　　　・机といすがそろっていない。
・掲示物が破れている。　　　・体育着がフックにかかっていない。

　これらをそのままにして，翌日子どもたちを教室に迎えるべきではありません。子どもたちが帰ってひと息つきたいところですが，もうひと仕事です。整頓しましょう。

　放課後の教室は，子どもたちの生活態度を映す鏡であり，担任の指導のいき届き具合を表すバロメーターでもあります。

「掃除の仕方をもう一度丁寧に教えなくてはいけないな」

「帰りの会でごみ拾い5個を呼びかけようかな」

「体育着がフックにかけられないのは，袋がパンパンだからだ。たたみ方を練習させてみよう」

など，教室の乱れを整えながら，明日から指導すべきことを考えましょう。それと同時に，自分の机まわりなども以下の視点で見渡してみてください。

・私物が場所を取っていないか。
・教師用机の近くのごみ箱がごみでいっぱいになっていないか。
・あちこちにプリントやドリルなどが積み重ねられていないか。
・教材置き場が雑然としていないか。

　子どもたちにとって，担任も環境の1つであることを忘れずにいましょう。

「日直」のシステムづくり

1　目的意識をもって仕事を行えるようにする

　日直は，多くの学級で，朝の会，帰りの会の司会進行，授業の前後の号令などを担っていると思います。４年生であれば，そのような日直の仕事のイメージはできている子が多いですが，その目的についてはどうでしょうか。日直は，キャリア教育の一環です。学級への貢献を実感させ，人のために働くことの楽しさを味わわせ，自己有用感を高めたいものです。

　「日直は何のためにいると思う？　実は１日のスタート，授業のスタート，１日の終わり，授業の終わりを担う，大事な役割なんです。日直さんが元気にあいさつをすれば，みんなもはつらつとした気持ちになるし，日直さんが笑顔で号令をかけると楽しい気持ちで授業ができるよ」と，日直の役割について説明するなどして，子どもたちが目的意識をもって日直を行えるようにします。

　そして，担任が日直への感謝の言葉を忘れないようにしましょう。日直は「やって当たり前」ではありません。たくさんの友だちの前で声を発することは，大人が考える以上にドキドキするものです。「今日の朝の会のあいさつ，すごく気持ちよかったよ。ありがとう！」「授業の号令がキリっとしていて，やる気が出たよ！」などと折に触れて伝えることで，子どもたちは「やってよかった」「次もがんばろう」と日直の仕事への手応えを感じます。

　日直は，少人数で行う分，学級への貢献をダイレクトに感じることができます。それが日直の子どもたちのやる気を引き出し，その日直のやる気に引っ張られた周囲の子どもたちの意欲もかき立てます。

2 子どもたちの自由を保障する

　日直の仕事は，本来教師が担ってもよいものです。しかし，あえてそれを子どもたちに任せているわけですから，そこに「子どもたちの自由」も保障したいものです。

　例えば，「日直が朝の会や帰りの会で『お楽しみ要素』を提案するのはどう？　クイズをしたり，ミニゲームをしたりすると，楽しい気持ちで朝をスタートできるし，帰りの会なら『今日も楽しかったな』って帰れるよ。やってみない？」ともちかけ，子どもたちに様々なアイデアを出してもらいます。出されたアイデアは，壁面に掲示しておくと，「明後日は日直だから，帰りの会に何をしようかな。あっ，『だるまさんがころんだ』をしてみよう」など，準備の目安になります。もちろん，そういった活動が苦手な子もいるでしょうから，その場合はその子の友だちや担任がアシスタントとして，一緒に取り組んでも構いません。

　日直になったときに，自分が選んだり考えたりしたことでクラスをリードすることを１つでも多く経験させることが，後々大きな力になっていきます。

「朝の会・帰りの会」のシステムづくり

1　今日の気分を色で尋ね，その理由を書かせる

　朝の会で，「今日の気分」を簡単に記入してもらいます。紙でもよいですし，Google のフォームで回答させても構いません。子どもたちは一様ににこにこしているようでも，「今日の気分は何色？　その理由は？」と尋ねると「今日はブルー。玄関を出るときにお母さんとけんかしたから」「今日は金色。好きな献立が給食に出るから」「今日は黒色。テストがあるから昨日から気が重い」など，様々な思いをもって登校していることがわかります。それを知ることで，「お母さんとけんかしたの？　どうやって仲直りするか一緒に考えよう」「○○さんは唐揚げが好きなんだね。先生も好きなんだよ」「テストが嫌なのにがんばって来たんだね。その勇気，100点満点」など，担任としてかける言葉が変わってきます。

　新年度は，学年が進んでも毎回不安なものです。その不安を吐露できるシステムがあり，それを担任がタイムリーにフォローすることで，クラスが安定していきます。

今日の気分は何色？
4 年 　1 組　名前（　　　　　　　　）
今日の色は（オレンジ　）色
その色にした理ゆうは？
おねえちゃん とけんかしたけど なか直りできたやら。

2 「今日のスター」を称賛する

1日を振り返って、「今日のスター」を発表します。方法は2つあります。

①1人がスター

朝の会で、スターを選びま
す。出席番号順でもよいです
し、日直がくじで決めてもよ
いでしょう。1人の子を選ん
で、みんなでその日1日よい
ところを探します。帰りの会
で、その子のよさを書いたミ

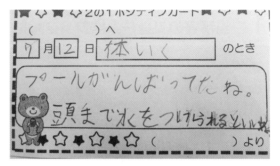

ニレターを全員分渡します。そのミニレターは、受け取った子の心を暖炉の
ように、じんわりと温め続けてくれます。

②みんながスター

この方法で行う「今日のスター」は、自分や友だち、クラスです。「今日、
ぼくは、掃除で雑巾がけを20本しました」「今日、○○さんが筆箱を落とし
たとき、まわりのみんなが『大丈夫?』って拾ってあげていました」「体育
で跳び箱をしたとき、みんなで『がんばれ』って応援し合えました」など、
「自画自賛」します。はじめのうちは、照れてなかなか自分たちのことを
「スター」と言えないかもしれませんが、担任が子どもたちのよさを率先し
てたくさん話していくうちに、自然とよさに気づいていきます。拍手をし合
いながら聞くと盛り上がります。

ここでは2つの例をあげましたが、学級の実態に応じて様々な方法が考え
られます。大切なのは、「友だちは自分のことを温かく見てくれている」と
いう安心感を1日の終わりに感じられることです。

「給食当番」のシステムづくり

1　当番表のフレームはシンプルにする

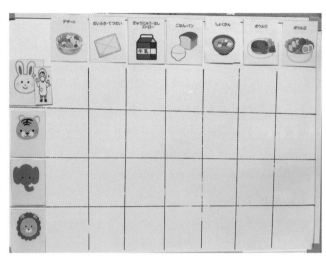

　右の写真は，４年生の給食当番表で，１年生から持ち上がりで使ってきた方法です。

　空いているマスには，子どもたちのネームカードを左から出席番号順に貼ります。うさぎグループは出席番号１〜７番，とらグループは８〜14番…という具合です。一番上には，配膳を担当するものがカードで貼ってありますが，当番がライオングループまで回ってうさぎグループに戻ると１つずつずらしていき，毎回同じものを担当することがないようにしています。

　当番表のフレームは，シンプルであるほど子どもたちに浸透します。４月のスタート時は，子どもたちが理解しやすい方法を取り入れ，混乱のないようにするとよいでしょう。

　しかし，フレームだけでは子どもたちは動きません。その当番活動に価値を見つけることで，子どもたちは動き出します。そのために担任がするべきことを，次ページ以降で説明します。

2 「だれかのため」という思いを引き出す

4年生ですから，給食当番の仕方や流れは十分に理解できているはずです。

しかし，「給食当番とは，配膳を担当する数名のことだ」と理解していたとしたら，それは大きな間違いです。おなかを空かせた子どもたちが，重い食缶や食器を運び，配膳の準備をする給食当番は，当番活動の中でもしんどいものです。だからこそ，当番だけでなく，全員で協力し合うことが求められます。

「給食時間は，人のために動ける時間です」

そんな言葉を担任がモットーとして伝えることで，子どもたちの意識も変化します。「友だちが重たそうに運んでいる。手伝おう」「忘れられている仕事があるな。やってあげよう」。そんな「だれかのため」という意識が生まれると，「しんどい」は「やりがい」に変わります。

「今日，○○さんが，欠席した△△さんの代わりに給食台を拭いてくれたんだよね。気づいてくれてありがとう！」

「今日の食缶は特に重たかったんだけど，『持つよ』って○○さんがひょいっと持ってくれていたね。△△さん，頼もしい○○さんがいてよかったね！」

給食の準備中に見つけた姿を，「いただきます」のあと，このようにすぐに全体へと広げましょう。4年生は，「やれ」と言われたことには「なんで」と少し反抗したくなるお年頃ですが，自発的にやったことをほめられるのはとてもうれしそうに聞いています。

3 「あるべき姿」を見つけ，フィードバックする

　子どもたちの当番活動への姿勢は，後片づけにも出ます。

　てきぱきと配膳をしていても，給食後に牛乳パックが散らかっていたり，パンの袋がゴミ袋からあふれたりしていれば，それは望ましい姿とは言えません。担任がそのような姿を見逃していたら，子どもたちも「後片づけは適当にやってもよいのだ」と思うでしょう。それが続けば，最初はできていた当番活動も，次第におろそかになっていきます。

　それを防ぐには，担任が「あるべき姿」を子どもたちの行動の中に見つけ，それをフィードバックしていくことが必要です。

　「こんなにきれいに牛乳パックがたたんであって，すごく気持ちいいね。全員が心がけたからこうなったんだよね。すごいよ，あなたたち」

　「給食着が整頓されていて驚いたよ。脱いだ後に，ちゃんとたたまないとこうはならないから，当番さんは最後まで丁寧に仕事をしてくれたんだね。ありがとう」

　担任として，「こうあってほしい」と願う姿をもっていれば，「あるべき姿」を見逃すことはありません。給食当番の仕事の細部にも，教師の願いや子どもたちの姿勢があらわれます。

4 「○○給食」を取り入れる

　真面目に黙々と準備をしたり，きっちり後片づけをしたりするだけが給食当番の仕事ではありません。給食当番の子どもたちの発案を生かして，給食をもっと楽しい時間にできます。

> ・特別教室給食（視聴覚教室などで給食を食べる）
> ・青空給食（屋上で給食を食べる）
> ・お花見給食（桜の木の下で食べる）
> ・シャッフル給食（くじびきでグループをつくって食べる）
> ・グループ給食（係ごと，色団ごとなど，テーマに沿ったグループで食べる）

　給食当番の子どもたちに「どんな給食時間にしたい？」と聞くと，上のように様々なアイデアが出てきます。4月は子どもたちのやる気があふれている時期です。それを逃さず，「やってみよう！」と背中を押しましょう。

　出てきたアイデアを具現化するために準備をしたり，話し合ったりすることは，給食当番を担うグループのチームワークを高めます。また，学校生活をどのように過ごすのか，それを自分たちが決めることができれば，子どもたちは受け身になりません。子どもたちに選択権と運営スキルを身につけさせることは，学級で問題が起こったときに自分たちで解決する力にもつながっていきます。クラスの安定は，担任だけの力ではなく，子どもたちの力も合わさってもたらされるのです。

「掃除当番」のシステムづくり

1　子どもが自己決定できるようにシンプルにする

　掃除当番のシステムに求めるのはただ1つ「シンプルであること」です。なぜなら，ゆくゆくは子どもたちが決めていくようにしたいからです。新年度スタート時は，担任が「あなたはほうき」「あなたは雑巾」などと担当を割り振ったり，当番表などで機械的に役割を決めたりするかもしれませんが，慣れてきたら子どもたちに決めさせていきましょう。だれかに決められるより，自分たちに決定権を委ねられた方が，子どもたちは俄然張りきります。

　役割が多かったり，担当場所のローテーションがこみ入っていたりと，システムが複雑だと，子どもたちで決めることが難しくなります。掃除の担当場所，ほうきなどの役割を明確にして，子どもたちに決めさせてみましょう。

2 音楽で掃除のリズムをつくる

　掃除は１人ではできない活動です。友だちと「教室をきれいにする」というミッションをクリアするために協働しなくてはいけません。掃除に集中できるということは，それだけ学級の一体感を生みます。それでも，ダラダラと掃除をする雰囲気があれば，音楽で区切りを意識させてみるのもよい方法です。

　例えば，教室掃除を「机を後ろに下げ，教室前方を掃除する」「机を前に移動させ，教室後方を掃除する」「机を元に戻し，全体を整える」という３つに区切るとします。その区切りがだいたい３分ずつだとしたら，それくらいで終わる曲を流します。子どもたちが知っている曲だと，「そろそろ終わるな」とわかるので，ペース配分しやすいようです。１曲終わると次の段階に進むので，その曲が終わるまでに仕上げなければいけません。子どもたちは音楽を聞きながら，むだな動きをしないように考えながら掃除をします。そうやって，きびきびした掃除の感覚を覚えていきます。すると，他の掃除場所に担当が変わってもきびきびした掃除の感覚が体に残っているので，ダラダラ掃除をすることが少なくなります。

3　よい姿を写真や動画で共有する

　子どもたちは，担任が思った以上の仕事ぶりを見せることがあります。小さなゴミも見逃さないように隅々までほうきで掃いたり，汗だくになるまで雑巾がけをしたり，黒板を新品のように仕上げたり，排水溝の排水トラップのぬめりまで掃除していたり…。

　そんな場面を見逃さず写真に収め，掲示したり，共有アプリにアップしたりして，全員の目に触れるようにしましょう。動画で撮影してもよいでしょう。「〇〇さん，もう掃除のプロだね」と絶賛することで，「みんなに認められてうれしい」「もっとがんばろう」と，やる気がさらに上がります。他の子どもたちも「あんな掃除の仕方を目指すぞ」「自分も明日からやってみよう」と意欲をかき立てられます。

4 掃除上手の証を発行する

　子どもたちは，大人の真似が好きです。運転免許証のような体裁の「掃除上手免許証」を発行すると，それだけでとても喜びます。がんばった証拠として残るので，「掃除上手が自慢」と子どもたちのアイデンティティーの一部になります。

・雑巾がけ100本達成

・ほうきが上手に使えるようになる

・机を最低でも５個運ぶ

など，子どもたちに個々の目標を設定させ，それらをクリアするごとに免許証に書き込ませていきます。そこに書かれていることが，自分の成長の足跡になるわけです。カードがいっぱいになったら，台紙の色を白からピンクに変えるなどグレードアップしていくと，おもしろがってどんどん掃除に熱が入ります。そして，最初は免許証につられてしていたことが，だんだんと免許証のためではなく「楽しいからやる」「プロだからやる」など，掃除への意気込みへと変わっていきます。

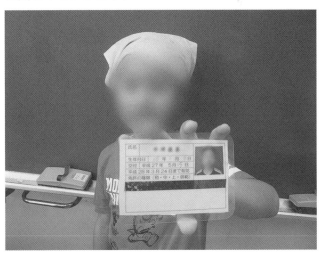

「係活動」のシステムづくり

1　より主体的な選択ができるようにする

　係活動は，自分の「好き」を学級のために発揮する活動です。自由度が高く，自分で考えたことを実践できます。また，同じ係になった友だちとの協働もできるので，自分から友だちとつながる力も養えます。

　また，係活動を通して「この前のイベント楽しかった」「次は何をするの？　楽しみにしているね」など，友だちからフィードバックをもらうことができれば，人に貢献する喜びも得ることができるでしょう。

　しかし4年生はそれまでの係活動の蓄積から，「係活動はこういうもの」という固定観念をもっている可能性があります。そこで「どんな係活動をしたい？」ではなく，「あなたは何が好き？　それをどうクラスに生かす？」と好きなことを問うことで，「自分ができそうな係を選ぶ」から「自分の好きなことを生かす係をする」と，より主体的に選択できるようにします。

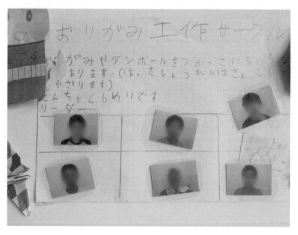

2　活動のための時間を確保する

　自分の好きなことを生かした係活動であっても，そのために割く時間を子どもたちが自主的につくるのは難しいことです。そこで，朝の会と1時間目の間，学級活動の時間，1週間に10分など，係活動をするための時間を確保しましょう。「この時間は係活動」と子どもたちの意識にインプットさせることができて，はじめて係活動がシステムとして機能します。

　その時間は，担任も各係が話し合ったり，準備したりしているところに顔を出して「おおっ，想像を超えたアイデアだなぁ！」「これは何の準備？　へぇ，すごいこと考えたね！」などと子どもたちに声をかけていきましょう。準備段階の子どもたちは，わくわくしている反面，「これはみんな楽しんでくれるだろうか」と不安も感じています。学級がスタートしたばかりの4月は，よりその傾向が強いでしょう。そんなときの担任からのひと言が子どもたちの背中を押し，活動への意欲をかき立てます。

3 「いつ，何をやるか」まで決める

　活動の時間を確保しても，なかなか動き出せない子どもたちもいます。そこで，「いつ，何をやるか」まで早々に決めてもらいましょう。月はじめに月間予定を組んだり，係ごとに曜日や時間を決めてもらったりします。「いつ，何をやるか」がはっきりすれば，そこに向けた PR や準備を進めることができるので，子どもたちのつながりも強くなります。

　また，「〇日に△△係が□□をする」という共通認識が生まれれば，「ねぇ，どんなイベントをするの？」などと，子ども同士でも話題に上がるので，係の子どもたちはそれが活動の励みになります。他の係の子どもたちも，「△△係は□□をしていたから，私たちは◎◎をしてみよう」と刺激を受けることでしょう。定期的にイベントを開催していれば，「次はこんなクイズを出してほしい」というような意見をもらえることもあるでしょう。そういった切磋琢磨が，学級全体を底上げしていきます。

　ただ，イベントの準備が間に合わないことも起こり得ます。その場合は，「…という理由で延期します」と説明をすることも教えましょう。準備が整わず，不安いっぱいの中でイベントをしても，係の子も参加する子どもたちも十分な満足感は得られません。

　4月は特に，担任が進捗状況に目を配りましょう。

4 定期的な振り返りで停滞を防ぐ

「係活動は，最初はすごく楽しそうにやっているのに，だんだんと活動しなくなっていく」という声をよく聞きます。そんな係活動の停滞を防ぐためには，以下の3つが大切です。

①自分たちのリフレクション

「この前のイベント，ここがよかったよね」「イベントじゃないときも，…できたらおもしろくない？」と，自分たちがもっとその活動を好きになれそうなことを探すようにします。立ち話でも構いません。

②友だちからのフィードバック

他の係の子どもたちにメッセージを送ります。共有アプリに書き込んでもよいですし，メッセージカードに書くのもよいと思います。「この前のイベント，とっても楽しかった」「あの折り紙，どうやってつくったのか教えてね」など，読んだ人がやる気になる内容を考えるように指導します。

③担任のリアクション

子どもたちが展開する係活動を100％楽しみます。ドッジボール大会があれば一緒に参加し，じゃんけん大会があれば本気で勝ち負けを楽しみます。一緒に楽しむ姿こそ，子どもたちにとって最高の愛情表現です。

4月

（北森　恵）

4
April

息を合わせて7をつくろう！

じゃんけんラッキーセブン

 時間　**5分**　 準備物　なし

 ねらい

　小グループで目標を意識したじゃんけんをすることを通して，協力することのよさや楽しさを味わう。

1.ルールを理解する

　4人グループになりましょう。今からグループでじゃんけんをします。ただし，グーチョキパーの他に1本と4本も出せます。つまり1〜5の5種類です。これでじゃんけんをして，出した指の合計が7になるようにします。一番早く7ができたグループの勝ちです。

　おもしろそうだ！　きっと簡単だよ。

2.1回戦を行う

　では，やってみましょう。7ができたグループは大きな声で「ラッキーセブン！」と言ってくださいね。では，よーい，スタート！

　あれ？　なかなか7にならないぞ。パー（5）を出す人がいるとだめなのかな。何を出せばいいか迷うな…。

3. メンバーを変えて2回戦を行う

1回戦は○○チームの勝ち！　拍手！　では，新しいグループをつくりましょう。2回戦です。よーい，スタート！

すごい！　今度はすぐに7ができたよ。
ぼくたちのチームの勝ちだ。今度も絶対勝つぞ！

友だちが何を出すか，よく考えないといけないな…。

じゃあ，最後の3回戦をしますよ。またグループをつくりましょう。
がんばってくださいね！

ラッキー
セブン！

> ＼　プラスα　／
>
> 人数が多すぎると7がつくりにくくなります。時間は短く切り，1グループができたら次のゲームに移るくらいの軽い感覚で進めましょう。

アイスブレイク，仲間づくりの学級あそび

話して共通点を見つけよう！

みんな一緒

⏰ 時間	10分	📝 準備物	●ストップウォッチ

ねらい

　グループ内で話し合い，互いの共通点を見つけ出すことを通して，新しい学級の仲間への関心を高める。

1.ルールを理解する

今から「みんな一緒」というゲームをします。まずグループをつくりましょう（3，4人のグループをつくる）。制限時間3分の間に，メンバーの共通点を見つけてください。共通点とはみんなが一緒だったり同じだったりすることです。たくさん話してたくさん見つけてくださいね。では，始めます。

えー，共通点なんてあるのかなぁ…。

2.ゲームを行う

私は水泳を習っています。みなさんはどうですか？

私も習っています！　他の人はどうかな？

 ぼくは習っていないよ。そうだな，ぼくはラーメンが好きです。みんなどうですか？

 私も好きです！

 やった！　メンバー全員，ラーメンが好きなんだ。

 では，グループで見つけた共通点をみんなに発表してください。

 私たちの班は，みんなラーメンが大好きです！

＼ プラスα ／

　はじめは，性別やランドセルの色など外からわかるものでも構いませんが，徐々にその人自身のことを見つけるようになっていきます。そういったものに目を向けさせる教師の声かけが大切です。

アイスブレイク，仲間づくりの学級あそび

同じ言葉が同じイメージとは限らない!?

お月様

 時間 5分

 準備物 ●紙 ●鉛筆

ねらい

テーマに沿った絵を描き，それを見せ合う活動を通して，だれもが同じように思っているものも人によって見方が違うことに気づく。

1.ルールを理解する

 今から「お月様」というゲームをします。ルールは簡単です。今から先生がテーマを出すので，そのテーマから想像した絵を紙にかいてください。それをグループで見せ合い，思ったことを話し合いましょう。

 自由にかいていいのかな？

 では，ちょっとやってみましょう。
まず最初のテーマは「お月様」です。
ちょっと先生もかいてみたんだけど，
見てくれますか？

うまくいくコツ
まずは先生がかいた絵を見せ，子どもたちの心をほぐす。わざと変な絵をかくのがポイント。

 ははは！ 先生の絵，おもしろい！
顔がかいてあるね。ああいう絵でもいいんだね。

2. テーマを聞き，絵をかく

 では，テーマは同じ「お月様」で制限時間は3分間。スタート！

 （三日月のお月様にしよう）

 （やっぱり満月だな。にっこりした顔もかいてみよう）

 ストップ！　では，絵を見合って，感想を話し合いましょう。

 同じ言葉なのに，全然違う絵なんておもしろいな。

 ○○さんの絵と私がかいた絵は似てる！　不思議〜。

＼ プラスα ／

他にも，流れ星，大きい動物，家，きれいな花など，テーマはなんでもありです。同じ絵をかくことが目的ではなく，それぞれ考えは違うことを知り，それを尊重することのはじめの一歩とします。

条件に合わせて出そう！
限定じゃんけん

 時間　5分　 準備物　なし

 ねらい

担任とのじゃんけんを通して，頭の体操をするとともに，楽しい雰囲気を味わう。

1. 練習しながらルールを理解する

今から「限定じゃんけん」をします。ただのじゃんけんじゃないですよ。先生が出した条件に合わせて，後出しをしてください。「じゃんけん，ポン」で先生が出すから，そのあと「ポン！」と言ってグーチョキパーを出してください。まずはやってみましょう。よーく聞いて，先生に勝ってね，じゃんけん，ポン！（グーを出す）

ポン！（パーを出す）やった，簡単だよ〜。

2. 条件を変えて続ける

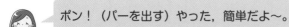

みんなすごいね。よく条件を聞いていましたね。じゃあ，次にいきましょう。先生に負けてね。じゃんけん，ポン！（パーを出す）

ポン！（チョキを出す）　あっ，間違えて勝っちゃった！

とっさに考えてグーチョキパーを出すのは意外と難しいぞ…。

3. 脱落しないようにじゃんけんを繰り返す

 では，全員立ちましょう。次からは間違えた人は座ってください。毎回条件が変わるかもしれないので，よく聞いてね。いきますよ。先生に勝ってね，じゃんけん，ポン！ （以下，先生に負けてね，先生とあいこね，などテンポよく変えていく）

 ポン！ うわー，負けなきゃいけないのに勝っちゃった！

 やった，最後まで残ったぞ！

先生に負けてね！

＼ ポイント ／

脱落する場面は自己申告制です。ひょっとしたらズルをする子もいるかもしれませんが，あまり厳密にせず，楽しい雰囲気をつくることを心がけましょう。

アイスブレイク，仲間づくりの学級あそび

頭を使って最後まで残ろう！

30

🕐 **時間** 20分　　✏️ **準備物** なし

ねらい

脱落型のゲームを通して，頭の体操をしたり，友だちの言葉に耳を傾けたりしながら楽しい雰囲気をつくる。

1. ルールを理解する

 今から「30」というゲームをします。ルールは簡単です。机の座席順に1から順に数字を言います。ただし，1人が一度に言える数字は連続する3つまでです。そうやって続けていって「30」を言った人は脱落です。やってみましょう。

2. 練習を行う

 では，一番廊下側の列の人，練習に協力してください。

 27！　　 28，29！

 …30。あ～，30を言っちゃった！

 次の人はまた1から言います。最後まで言ったら先頭に戻ります。

3. クラスを半分に分けて本番を行う

 これは頭を使うな〜。難しい！

 勝つためには何かコツがあるんじゃないかな。

 やったー！　最後まで残ったぞ。優勝だ！

4. 学級全体で行う

 では，今度はクラスみんなでやりましょう。
グランドチャンピオンを決めます！

 よし，今度こそ絶対勝つぞ！

＼ プラスα ／

　１対１，少人数，全体など，ゲーム自体はシンプルですが，様々なバリエーションを楽しむことができます。

目的達成の方法を話し合おう！

おうちに帰ろう

🕐 時間　10分　　📝 準備物　●ホワイトボード

ねらい

「家から100km 離れたところで迷子になったらどうやって家に帰るか」というテーマで，グループで話し合うことを通して，友だちの考え方や自分との違いを知る。

1.ルールを理解する

4人グループをつくりましょう。これから，先生が今から言うテーマで話し合ってもらいます。テーマは「家から100km 離れたところで迷子になったらどうやって家に帰るか」です。家に帰るためにすることをグループで出し合い，4つだけ選んでください。

どんな方法でもいいんですか？

そこがポイントです。先生も方法を4つ考えます。先生が考えたのと同じ方法を考えたチームはポイントがもらえます。先生が考えそうな方法をグループで協力しながら考えてください。

なるほど。先生が考えそうな方法を話し合うんだね。

2 . 5分間で話し合った後，答え合わせをする

 まずは交番に行くよね。それから家に電話してもらうのはどう？

 はい，時間です！　では，ホワイトボードに答えを書いて，グループごとに発表してください。

 私たちの方法は，「交番に行く」「お金を借りる」「タクシーに乗る」「助けを呼ぶ」です。

 では，先生の答えです。「交番に行く」「タクシーに乗る」「家に電話して迎えに来てもらう」，そして「走って帰る」です。

 なんだよー！　走って帰れるわけないじゃーん（笑）！

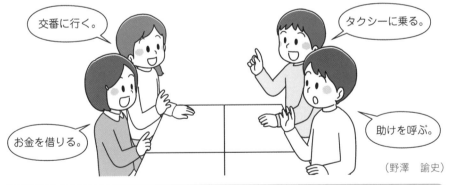

交番に行く。

タクシーに乗る。

お金を借りる。

助けを呼ぶ。

（野澤　諭史）

＼　ポイント　／

先生が示す４つの方法の中に，１つ子どもが想像もつかないおもしろいものを入れると盛り上がります。

5月の
学級経営の
ポイント

1 保護者への丁寧な連絡で，安心感をもってもらう

多くの学校で，4月末から5月はじめに保護者会が開催されるでしょう。その際，子どもの育て方や教育活動について保護者に伝えることで，保護者と教師間の誤解やトラブルのリスクを軽減できます。この期間中は保護者に安心感をもってもらうため，特に丁寧な連絡を心がけます。小さなトラブルでも速やかに電話連絡を行い，先手を打ちます。

一方，電話連絡が遅れてしまうと，保護者に不信感を抱かれるリスクが高まります。また，子どもの日常の様子に気になる点があっても，それだけでなく，子どものよい点もあわせて伝え，「学校と家庭とで一緒に協力していきましょう」という姿勢を見せることが大切です。電話するほどではない小さなことでも連絡帳を通じて伝えるとよいでしょう。

4月のポイントで述べた「初頭効果」は重要です。最初によい先生だと思ってもらえるとその印象は1年間続くことが多いのです。最初の数か月は特に保護者への対応を丁寧に行うことが，1年間の良好な関係構築の鍵となります。

2 ルールの余白は残しつつ決めたことは徹底する

どんな先生も4月にはルールを定めているでしょう。5月は，そのルールを子どもたちに内化させるための重要な時期です。

一方で，細かなルールを多く設けないというやり方もあります。生活の場面では，登下校の準備，当番活動の決め方，給食指導ぐらいにとどめます。授業中のルールも，「人が話し始めたらすぐに黙って聞く」程度です。しかし，ルールとして決めたことは，文字だけでなくイラストや写真も使って具体的に示し，守らせるようにします。きちんと守れていない場合，一度や二度やり直しをさせます。このやり直しを通じて，「教師はルーズではない」ということを子どもたちに態度で示すことが大切です。このような指導を根気強く繰り返すことで，子どもたちはルールを徐々に内化していきます。

細かいルールを設けない理由として，「余白を残す」ということがあります。毎日を楽しく過ごすために，子どもたちと一緒にその場その場で最適な方法を考えていきたいのです。とはいえ，ルールを詳細に設定するかど

うかにかかわらず，設定したルールは守らせることを教師が意識しなければなりません。教師がルーズであれば，「ルールは守らなくてもいい」と子どもたちが受け取ってしまう恐れがあり，それが学級の状況を不安定にするリスクになるからです。

3 だれとでも関われる学級の素地をつくる

私自身が全国の様々な学級を視察した経験上，子どもたちがいきいきし，活気に満ちていた学級には１つの共通点があります。

それは，子どもたち同士の人間関係が固定化せず流動的で，排他的な雰囲気が存在しないということです。言語化するのは難しいの

ですが，なんとも言えない温かな雰囲気に包まれているのです。

このような理想的な学級環境を築くための第一歩として，教師が積極的に子どもたち同士のコミュニケーションを促す場を設けることが極めて重要です。

例えば，授業中にペアトークやグループでの討論の機会を増やし，子どもたちに効果的な対話の方法を学び取らせることが考えられます。また，子どもたちが特定のグループだけと関わることが少なくなるような工夫をして，全員がお互いに深く関わり合う環境を整えることが欠かせません。

（小野　領一）

GW明けの
チェックポイント

生活面	□授業や掃除の開始時刻を全員が守ることができる
	□制帽や水筒など，自分の持ち物を決められた場所に置くことができる
	□授業や掃除で使ったものを元の位置に片づけることができる
	□当番活動を決められた要領で行うことができる
学習面	□指示した方法で学習用具を使うことができる
	□教師の指示に沿ってノートを書くことができる
	□漢字や計算など，反復練習が伴う学習に意欲的に取り組むことができる
	□宿題を途中までしかやらずに提出したり，忘れたりする子がいない
	□授業中にむだなおしゃべりや手あそびがない
	□教師の方を向いて話を最後まで聞くことができる
対人面	□お互いにあいさつを交わしたり，はっきりとした返事をしたりすることができる
	□級友に対して，命令口調ではなく対等に話すことができる
	□グループの固定化が見られず，いろいろな仲間と交流する姿が見られる
	□自分が話すだけではなく，相手の話を聞くことができる

1 生活面

　この時期は，学級目標や規律が意識化できている子と，そうでない子が混在しています。中には，教師と学級に対する不満や不安から，ルールを守らず，勝手な判断をしてしまう子もいます。そういった子どもの心理状態を理解したうえで，ルールの意義を再確認し，ルールを守っている子の行動を認め，それを全体に広げていきます。そして，「やらされている」のではなく，「自らやっている」という意識が働くようにしていきます。

2 学習面

　4年生になると，学習面の評価を気にするようになり，「わかった」「できた」という感覚をもてる授業を好みます。また，他の子ができて自分ができないと焦りや孤立感を抱く子もいます。このような傾向を踏まえると，子どもが達成感をもてるような授業づくりが求められます。

　教師は，自身の授業を客観的に振り返り，簡単な問題からスタートしたり，もう少しがんばればできるレベルの課題を設定したりと，全員が何かしら達成感を味わえるような授業改善を行います。

3 対人面

　4月からのリレーションがうまくいっていれば，メンバーが固定して他との交流を望まない「閉じた関係」ではなく，メンバーが変わっても様々な活動を協力して行う「開かれた関係」が広がっています。班やグループのメンバーを短期間で流動的に変えながら，子ども同士の交流の輪をさらに広げていきましょう。このときに，集団における話し方，許容，反省，責任，対人配慮などについても指導しておくとよいでしょう。

（岡山県公立小学校教員）

春の運動会
指導ポイント＆
活動アイデア

1　指導ポイント

☑ 集団行動の基本を押さえる

全体で行動する場面も多い運動会。1年のスタートのこの時期に，集団行動の基本を押さえ直しておく。

☑ 自主的な活動を設定する

運動会の練習に限らず，自主的に行動する場面を多く設けることで，仲間とともに協力する大切さを感じる機会とする。

☑ 自分の目標を明確にもち，仲間と共有できるようにする

それぞれの立場で運動会を盛り上げ，成功させるためにはどんなことができるか仲間と考える機会をもつ。

☑ 群れで動く演技を取り入れる

団体演技では，個の動きにプラスして群れで動く演技を取り入れることで，まわりの動きを感じながら動くことができるようにする。

☑ 役割に応じた動きができるようにする

運動会に向けての役割や学級での役割を決めるなど，役割を分担するとはどういうことか考える機会をもつ。

2 活動アイデア

①自主活動の時間を設定する

　4年生は，ギャングエイジと言われる年代です。「○○しなさい」という頭ごなしの指示は，素直に受け取ることができない子どももいます。そこで，自分たちで意思決定できる場面をつくるとともに，自主活動の時間を積極的に設けていくことで意欲的に活動できるようにしていきましょう。

　例えば，全体練習の最初や最後にグループでの話し合いの時間を設定する，子どもたちだけでの自主練習の時間を設定する，おわりの会などで団体競技の作戦会議を行う，といったことが考えられます。

　また「10歳の壁」と言われる成長の壁を感じる時期でもあります。こまめにほめることを通して，自己肯定感を形成することも必要です。子ども扱いし過ぎず，それぞれの子どもたちの気持ちをくんだ声かけや提案を心がけましょう。

5
月

②演技の隊形を工夫する

　同じ動きをしていても，並び方や向き，移動などによって，まったく違ったものに映ります。中学年では，表現運動の目標でもある「群れ」での動きを取り入れることで，低学年との差を示したいところです。

　群れでの動きは，団体演技でいうと隊形変化です。運動会では，前面の本部を向いて演技することが多く，観覧の保護者もそこに集中して，結局よく見えなかった，ということがありがちです。いろいろな隊形変化を入れることには，どこから見ていてもいろいろな子どもの姿を見ることができるというよさもあります。また，隊形変化は，自分勝手に動いて成立するものではありません。自分以外の人と動きを合わせる必要があります。周囲の動きを意識しながら動くことを学ぶ機会にもなるでしょう。

　隊形変化は，人数や広さ，曲調，振りつけなどにより，決定していきますが，主な隊形変化には以下のようなものがあります。

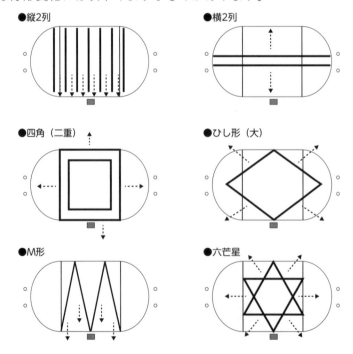

③学年や学級で係を設定する

　学校全体の仕事（係）を担う前段階の４年生。来年からの正式な係の準備段階として，学年や学級で以下のような係をつくって，分担してみましょう。

・道具整理係

　団体演技で扱う道具（フラフープや縄跳び，ポンポンなど）を整理する。

・応援係

　学級の仲間を応援するかけ声を決めたり，グッズをつくったりする。

・演技リーダー

　先に踊りを覚え，みんなに教えたり，個別にアドバイスしたりする。

・作戦係

　団体競技や走競技などでの作戦を考え，みんなに伝える。

　運動会に向けて，他者のために時間を使い，活動することを経験します。ここでの経験が，次年度以降，学校全体の仕事を任されるようになったときに生きてきます。まだまだ十分にリーダーシップを発揮できない子もいるので，教師のフォローも忘れてはいけません。

（垣内　幸太）

国語

つなぎ言葉リレーに
チャレンジしよう！

1 授業の課題

> 「つなぎ言葉」を使って，お話リレーをしましょう。

2 授業のねらい

　グループで，「つなぎ言葉」（接続詞）を使って話をつなげる活動を通して，つなぎ言葉についての理解を深め，論理的に表現することができるようになる。

3 授業展開

①つなぎ言葉について知り，つなぎ言葉を見つける

　はじめに，つなぎ言葉について知るために例文を提示し，つなぎ言葉のダウト（間違い）を見つけます。

T　「今日は朝ごはんをたくさん食べた。だから，おなかが空いている」

C　ダウト！　「だから」は，おかしいよ。

C　たくさん食べたのにおなか空いているんだから，「でも」がいいよ。

T　このように，文と文をつなぐ言葉を「つなぎ言葉」といいます。今日は，このようなつなぎ言葉をたくさん見つけて，ゲームをしましょう。

②グループでつなぎ言葉をたくさん見つける

　グループで協力して，「つなぎ言葉」をたくさん見つけて書いていきます。学級文庫や教科書などからも探してよいことにします。１枚のカードに１つのつなぎ言葉を書くことで，分類したり，あそびに使ったりすることができます。

T　つなぎ言葉をたくさん見つけることができましたね。見つけた言葉を仲間分けすることができそうですか？
C　「だから」と「そのため」は似ているね。
C　「しかし」「でも」を使うと，！マークがつく文になりそうだよ。
C　詳しく言いたいときは，「例えば」がぴったりだね。

③グループでつなぎ言葉リレーを楽しむ

　グループになって「つなぎ言葉」リレーを行います。はじめの人が一文とつなぎ言葉を言ったところで，次の人にバトンタッチします。はじめの一文が思い浮かばない場合も想定し，例文をいくつか用意しておくとよいでしょう。次の人は，前の文とつなぎ言葉を聞いて，意味がつながるような次の文を考えて話し，またつなぎ言葉を加えたところでバトンタッチです。長く続けられたグループや，いろいろなつなぎ言葉を使ったグループが勝ちと伝えると意欲が高まります。

C　○月○日は，運動会があります。だから…
C　体育で練習が始まります。でも…
C　外は暑いので練習が心配です。それでも…
C　がんばるしかありません。なぜかというと…
C　がんばればがんばるほど，給食がおいしく感じるからです。ところで…
C　えっ，ところで？　ところで…今日の給食のメニューは何だったかな？

（手島　知美）

算数

アとイの角度は
いつも同じになるのかな？

1 授業の課題

アとイの角度は何度でしょうか。

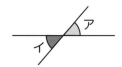

2 授業のねらい

　２本の直線が交わってできたアとイの角度を調べる活動を通して，帰納的・演繹的に考える力を育む。

3 授業展開

①なぜ間の角度を測るとアとイの角度がわかるのかを考える

　分度器を使ってアとイの角度を測り，いずれも60°であることを確認します。そこで次のように発問します。

T　分度器でどこを測りましたか？
C　アとイの角度を測りました。
C　私はアとイは測っていません。その間の角度を測りました。
C　どうして間の角度を測ったら，アとイが60°だとわかるの？

C　Aとアの角度を合わせると半回転の180°。だ
から，アの角度は180－A＝アで求められる。
イの角度の求め方も同じように考えることがで
きるから180－A＝イになる。だからAの角度
（120°）を測ればアとイの角度がわかる。

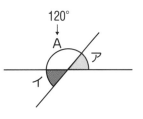

②AとBの角度も同じであることに気づく

　Aの角度がわかれば，アとイの角度がわかるということが共有されると，
Aの角度に向かい合うBの角度も120°であることに子どもは気づきます。

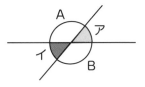

C　だったら，Aの角度に向かい合うBの角度も
　　同じ120°だよ。
C　どうして，120°とわかるの？
C　だって，ア＋Bは180°でしょ。だから，180－
　　ア＝BでBの角度を求めることができるから，
　　180－60＝120で120°！
C　おもしろいこと発見した！　向かい合う角度は同じ角度になっているよ。
C　本当だ！　ア＝イ，A＝Bになってる！
T　たまたまでしょ？　偶然だよ！

③他の場合でも調べてみる

　「向かい合う2組の角度は等しいのか」という問いをもった子どもたちは，
ノートに様々な2本の直線をかき，確かめます。そして，帰納的に「2本の
直線が交わってできる向かい合う角度は等しい」ということを理解します。

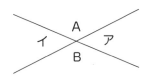
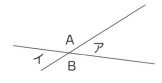

（新城　喬之）

社会

都道府県を楽しく覚えよう！

1 授業の課題

じゃんけんポンで好きな都道府県を紹介したり，だじゃれカルタをつくって遊んだりしながら，都道府県名を覚えよう。

2 授業のねらい

都道府県じゃんけんポンや，だじゃれカルタづくりを通して，都道府県名とその特色への関心を高め，楽しみながら覚える。

3 授業展開

①ペアで「都道府県じゃんけんポン」を行う

前時に地図帳で都道府県の名前と，位置や名物などを調べる時間を確保し，好きな都道府県を少なくとも３つと，その理由を言えるようにしておきます。『小学生の地図帳』（帝国書院）の中の「広く見わたす地図」を活用します。

T ペアで，都道府県じゃんけんポンをしましょう。はじめにじゃんけんをします。勝った人は，地図帳を見せながら「私の好きな都道府県は，○○県です。なぜなら，…だからです」と伝えます。負けた人は，「□□さんの好きな都道府県は○○県で，その理由は…なのですね」と返しま

す。また，同じペアでじゃんけんポンをします。どちらかが先に好きな
都道府県を３回紹介したところでワークは終了です。終わった人から違
うペアを見つけて続けましょう。時間は５分間です。

C　じゃんけんポン！

C　勝った！　私の好きな都道府県は，福島県です。なぜなら，「赤べこ」
　　がかわいいからです。

C　□□さんの好きな都道府県は福島県で「赤べこ」がかわいいからだね。

C　じゃんけんポン！

② 「だじゃれカルタづくり」を行う

　教師が「トイレにいっといれ」と言うと，教室内が和みます。保護者に
「だじゃれを言える方はいますか？」と尋ねてもおもしろいです。次に，『だ
じゃれ日本一周』（長谷川義史，理論社）の一部を読み聞かせます。47都道
府県をだじゃれでまとめたユニークな絵本です。だじゃれが何であるかを子
どもが理解したところで，４〜５人のグループをつくります。ぜひ保護者の
方にも入ってもらいましょう。

5
月

T　47都道府県の「だじゃれカルタ」をつくろう。例えば，「きょうと二日
　　目も　てらめぐり　京都府」

　カルタの読み札と絵札をつくり
ます。用紙は厚紙を用います。保
護者の方にも協力してもらい，15
分間で10枚程度できれば上出来で
す。最後に，グループごとに絵札
を机上に並べます。保護者の方に
読み札を読んでもらい「だじゃれ
カルタ」を楽しみましょう。

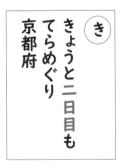

（柳沼　孝一）

体育

身体を使って
○○を表現しよう！

1 授業の課題

> 様々なテーマについて，自らの身体を使って表現することを楽しもう。

2 授業のねらい

仲間と協働しながらテーマを身体で表現し，身体表現の楽しさを味わう。

3 授業展開

①身体表現クイズをする

　4つのスライドを用意します（例えば，①うさぎ，②ライオン，③花火，④恐竜）。4人1組で1列になり，先頭の子だけが前を向き，残りの3人は後ろを向きます。先頭の子が，「①うさぎ」の写真を見て，身体表現のみで，次の子に伝えます。順番に2番目→3番目→4番目と伝え，4番目の子が答えを言います。ローテーションしながら，同様に②，③，④のお題についても行い，先頭の役割を全員ができるようにします。保護者チームをつくり，一緒に取り組んでもらうと盛り上がります。

T　身体表現クイズを始めます。先頭の子以外は，後ろを向いてくださいね。
　　それでは，先頭の皆さん，写真を見せます（恐竜の写真）。

C　うわー，難しい。言葉なしで体だけで伝えるんだよね…？

C　えー，何？　あっ，しゃべってはいけないんだった。

T　では，全チーム最後までいきましたね。1班から答えをお願いします。

C　1班はゴリラです！

C　2班は怪獣！

C　3班は恐竜です！

②動物変身あそびをする

　全員へびの動きからスタートして，出会ったへび同士で体じゃんけんをします。勝つと，カエル→猿→人間と変身していきます。じゃんけんは同じ動物同士でしかできません。負けるとその1つ前の動物に戻ります。人間になった後のじゃんけんに勝った回数が一番多かった人がチャンピオンです。

T　では，全員へびになってね。へびと出会ったらじゃんけんをします。

C　へび同士で勝った。よし，次はカエルの動きだ。カエルを探そう。

C　やった！　猿になったぞ。猿はどんな動きだったかな…。

C　人間同士で7回勝って，チャンピオンになったぞ。やったー！

③簡単なストーリーをつくって身体表現を楽しむ

　最後に，4人1組のチームでテーマを決め，はじめ・なか・おわりのストーリーを考え，3分程度の身体表現を創作します。例えば運動会というテーマのもと「はじめ：入場行進　なか：リレー　おわり：優勝して喜ぶ」を構成し，身体のみで表現をつくり（道具可），最後に簡易的な発表会をします。

T　テーマは，日常，スポーツ，おとぎ話…など，自由です。

C　私たちのチームは「桃太郎」にしよう！　はじめ・なか・おわりで，どの場面を表現するか考えてから練習しよう。

（今井　茂樹）

6月の
学級経営の
ポイント

1 認知特性を生かして，
自律した学習者を育てる

　子どもたちを「自律した学習者」に育てたいものです。自律した学習者とは，自分の学びを省察し，目標に向けて学習内容や方法を自ら決定し，生涯学び続けることができる学習者のことを指します。

　そのために，認知特性を意識したテスト勉強の進め方を指導します。認知特性とは，個人がもって生まれた五感による情報の処理・把握の能力のことを言い，「視覚優位者」「言語優位者」「聴覚優位者」の３つに大別されます。学校では，書くことで学習内容を定着させる機会が多いため，「言語優位者」にとっては学びやすい環境となっていますが，「視覚優位者」や「聴覚優位者」にとっては必ずしも学びやすくはありません。そこで，それぞれの特性に応じた学びやすさを意識したテスト勉強の方法を伝えます。

　まず，子どもたちに自分がどの認知特性タイプに該当するのかを大まかに把握させます。その方法として，童謡などを流します。映像が頭に浮かんだ人は「視覚優位者」，歌詞の意味が印象に残った人は「言語優位者」，音

楽自体が印象に残った人は「聴覚優位者」と伝えます。もちろん，認知特性は１つだけに限らず，複数の特性が組み合わさっていることもあるので注意が必要です。また，より客観的かつ正確に把握するための認知特性テストも存在するので，それを活用するのもよいでしょう。

　私が現在実践している漢字テストの勉強の進め方を紹介します。言語優位者は，多くの漢字を書いて覚えます。視覚優位者は，タブレットなどで漢字の書き順のアニメーションを確認しながら漢字を覚えます。聴覚優位者は，書き順を声に出しながら１画ずつ書いて漢字を覚えるとともに，新出漢字を使った短い物語を考えます。このように，それぞれの認知特性に合わせたテスト勉強の進め方を紹介し，子どもたちに自ら選択させて実践してもらいます。もちろん，場面に応じて教師としてアドバイスも行います。しかし，どの学習方法を選択するかの最終的な決定権は子どもにあり，それを尊重するよう心がけています。子どもたちは，自らの「学びやすさ」と「よい結果」が一致することで，自律した学習者としての第一歩を歩み始めます。

2 トラブルは主体性を育む 「栄養剤」と捉える

多くの子どもたちは、「指示待ち」状態がデフォルトになってしまっています。そんな子どもたちは、日々の学校生活においてまるで当事者意識をもっていません。これでは子どもたちが主体となって学級づくりを推し進めることはなかなかできません。

そこで、子どもたちの当事者意識を喚起させるために、子どもたち同士のトラブルを利用します。トラブルを起こしたときは、子どもたちの当事者意識が自然と高まるからです。例えば、友だち同士のトラブルであれば、教師は子どもたちの言い分を基に事実を聞き取り、時系列で何があったのかを整理します。その後、お互いに何がだめだったのか、今後どうするべきなのかを子どもたち自身で考えさせ、子どもたち自身の言葉で語らせます。

また、こういったトラブルの際、教師からの指導や語りを子どもたちに行うことが多いでしょう。子どもたちが当事者意識をもっていれば、教師の指導や語りは子どもたちの心に届きやすくなります。一方で、教師が熱意をもって語った言葉も、子どもたちが「自分には関係ない」と判断すれば、心には響きにくくなります。

教師はトラブルを子どもたちの主体性を育むための「栄養剤」と捉えることが大切なのです。学級をみんなが毎日楽しく過ごす場にするために、教師と子どもの双方が主体となり、どうすべきかを考えることが重要です。

(小野　領一)

6月

「魔の6月」の
チェックポイント

生活面	□学級のルールを再確認すると同時に，守られていない場合の対応の仕方を決めて実行している □集会や行事における役割を全員に与えている □教師がいなくてもルールやきまりを守って行動できていることをほめている
学習面	□チャイムと同時に授業をスタートし，チャイムと同時に授業を終わっている □「フラッシュカード→3択クイズ→本時の学び」といったようにルーティンに沿った授業を行っている □ノートづくりの基準を示し，手本となるノートを見せ，よいところを真似させている □離席してお互いの意見を交流したり，教え合いをしたりする場面をつくっている □注意する時間は短くし，真面目に学びに向かっている行為を多くほめている
対人面	□トラブルの解決を試みる際は，互いの言い分をじっくり聞いたうえで，自己反省を促している □できない子や困っている子がいたら，その子らが困らない方法を全員で考えるようにしている □みんなで協力しないと達成できないようなあそびを取り入れ，楽しく交流させている

1 生活面

　学級目標や規律の意識が薄れてくると，ルールよりも自分の感情を優先した行動を取る子が出てきます。こうした行動への対応がまずいと，付和雷同する子が出てきて，係や当番活動を陰でさぼるようなことも起こります。そうなる前に，再度，学級目標やルールを確認します。そして，だめなものはだめと言い，なぜだめなのかを納得いくように説明します。同時に，ルールに沿った行動をしっかりほめ，学級の健全な雰囲気をつくっていきます。

　また，行事などでは全員に役割を与え，自分が役割を果たすことで全体が機能していることを実感させ，学級への帰属意識をもたせます。

2 学習面

　子どもにとって学習課題が自分事となっておらず，活動も明確でない授業は，学習意欲を低下させ，その不満が不適切な行動を生みます。そこで，テンポを意識したメリハリのある授業を行うようにしましょう。

　不必要な立ち歩きが見られるようであれば，逆に立ち歩いて学習する形態を取り入れてみるのも１つの手です。ただし，活動時間を設定したり，学び方を明確に指示したりすることは忘れず行います。

3 対人面

　子どもは満たされない感情の矛先を他人に向けようとします。子どもの不満の原因を探り，感情がプラスに働くような援助をしつつ，問題があれば，それをどうするべきか，自分たちで考えさせます。そして，問題が改善されたら，しっかりほめるようにします。問題を自分事として捉え，それを進んで解決しようとする学級は，荒れに強い集団になります。

（岡山県公立小学校教員）

拍手だけで宝のありかを伝えよう！

トレジャーハンター

 時間　5分　　 準備物　なし

ねらい

みんなで宝物を決めたり，探検家が見つけられるように協力したりすることを通して，クラスの一体感を楽しむ。

1.ルールを理解する

今から「トレジャーハンター」をします。まず探検家を1人決めて，廊下で待ってもらいます。その間に，教室にあるものの中から「宝物」を決めます。

探検家は宝物を探して教室を歩き回ります。みんなは探検家が宝物に近づいたら強く拍手，遠ざかったら弱く拍手をすることで，宝物が何かを伝えましょう。解答チャンスは3回です。

探検家が宝物を発見できれば全員の勝ち，できなければ全員の負けです。みんなの協力が大切ですよ。では，始めましょう！

2.探検家と宝物を決める

まず探検家をやりたい人いますか？　じゃんけんで決めましょう。

よし，ぼくが探検家だ！　じゃあ廊下で待ってるね。

 宝物は何にしようか？　この黒板消しなんてどう？

3. 宝探しをする

 よーし，拍手の大きさで伝えるぞ。
今はまだ探検家が後ろの方にいるから，パラパラっと拍手だな。
おっ，黒板に近づいてきた！　パチパチパチパチ！！

 このあたりで拍手が大きくなるな。わかった，答えは黒板消し！

 正解〜！

黒板消しに近づいたから
大きく拍手だ！

＼　プラスα　／

慣れてきたら宝物を小さいものにしてみましょう。こうすると探検家
だけでなく拍手をする側にもテクニックが必要で，ある程度範囲が狭ま
ってから拍手の大きさを変えないと，うまく正解にたどり着けません。

雨の日も楽しめる教室・体育館あそび

自分だけの解答を目指そう！

オンリーワン言葉集め

 時間　5分　 準備物　●紙　●ペン

 ねらい

お題に沿った答えを連想し友だちと答えを確認し合う活動を通して，語彙を増やしたり学習を振り返ったりする。

1.ルールを理解する

4人班の中で対戦します。お題を言うので，思いついた言葉を紙にどんどん書いてください。例えば，「頭に『か』のつく言葉」がお題だったら，カメラ，カニ，カエルなどが書けますね。

あとで，他の人と重なった答えは消していきます。ですから，なるべくオンリーワンになるようなものを考えてください。

2.ゲームを行う

ではやってみましょう。お題は，頭に「あ」のつく言葉です！制限時間は2分間。ではスタート！！

えーっと，アリ，アイス，雨。他には…

> **うまくいくコツ**
> 書けるのは名詞のみとし，人名などもなしにする。

アルゼンチン，アルジェリア。これはきっとオンリーワンだな。

3．答え合わせをする

 時間です！　答え合わせをします。1人ずつ，自分が書いた言葉を言ってください。同じ言葉を書いた人がいたら，線を引いて消します。全員が発表した後に，残った言葉の数が得点です。

 じゃあ1個ずつ順番に言っていこうか。アイス！

 アイス書いた〜。これ2人ともアウトってことだよね？　残念。私は，アマリリス。いない？　やったオンリーワン！

4．クラスチャンピオンを決める

 各班の結果が出ましたか？　優勝した人？　おめでとう！　じゃあ各班の優勝者の中からチャンピオンを決めましょうか。優勝者は，紙に残っている言葉を言っていきます。

 残っている言葉だけを使うんだね。じゃあアサガオ！

 アサガオ，うちの班では2人いたから消えちゃってる。残念〜。

＼ プラスα ／

グループで協力して何個書けるかという協力型のゲームにもできます。
漢字や都道府県などをお題にすれば学習の導入にも最適です。

絶妙な質問を考えよう！

半数チャレンジ

 時間　5分　 準備物　なし

ねらい

　クラスのみんなの意外な一面を発見したり，友だちと質問内容について話し合ったりすることを通して，相互理解を深める。

1.ルールを理解する

今から「半数チャレンジ」をします。クラスのちょうど半数が「はい」と答えるような質問を考えてください。思いついた人が質問し，せーので手をあげてもらいましょう。手をあげたのがクラスのちょうど半数だったらチャレンジ成功です。ただし，あげるのが嫌になるような質問は禁止ですよ。

2.個人でチャレンジする

では，実際にやってみます。
はい，Aさんどうぞ。

じゃあ，犬か猫を飼っている人？

うち，犬飼ってる。はーい！

うまくいくコツ
クラスの人数が奇数の場合は，多い方を正解とする（29人クラスなら15人）。

うまくいくコツ
最初から半数だとわかっているような質問は禁止する（奇数班の人，など）。

100

7，8，9，10。10人か…，惜しかったなぁ〜。

3. 班対抗で行う

 次は班対抗にしてみましょう。各班で話し合って質問を決めてください。順番に質問していって，一番半数に近かった班が優勝です。

 どんな質問にする？　ちょうど半分って難しいね。

 今日の朝食はご飯だった人，っていうのはどう？

6月

＼ ポイント ／

　半数ではなく，たった1人に該当するような質問を考える「オンリーワンチャレンジ」も，同じルールで楽しめます。その際，1人1台端末でアンケート機能（Google フォームなど）を使えば，匿名でアンケートをすることもできます。「え〜，だれだれ〜？」と予想するのも盛り上がります。

苦手な子も大活躍！
火の玉ドッジボール

 時間 15分

 準備物 ●柔らかい色違いのボール
●紅白帽

　柔らかいボールと特別ルールを適用したドッジボールを通して，苦手意識をもっている子も含め，全員で楽しむ。

1 . ルールを理解する

今から「火の玉ドッジボール」をします。通常のドッジボールと違って，ボールは2個使います。2個のうち赤い方のボールは「火の玉」で，ドッジボールが苦手な子しか触ることができません。その他の人は，火の玉は触っただけでアウトになります。

キャッチしたらセーフですか？

いいえ。火の玉はワンバウンドでも転がっていても，触っただけでアウトになります。苦手だという人は自己申告して帽子を赤にしてください。

2 . ゲームを行う

では，ゲームスタート！

うまくいくコツ
帽子を赤にする子は自己申告，または話し合いで決める。1チームで人数を決めておくのもよい。

よーし，火の玉を投げるぞ！！

 あっ，間違えてキャッチしちゃった！

 残念，火の玉に触ってしまったのでアウトです。

 今のうちに後ろから当てちゃえ！　えい！

 当たっちゃった！　でもこのボールなら，柔らかくて痛くないね。

 時間です。やってみてどうだった？

 このルールだったら怖くないし，私でも活躍できそう！
もう1回やりたい！

（北川　雄一）

＼　プラスα　／

得意な子の活躍が目立つようなら，利き手で投げるのを禁止にしてみましょう。得意な子 vs 苦手な子で対戦するのもおもしろいです。

7月の学級経営のポイント

1 1学期を子どもたちの笑顔で締め括れるようにする

　学期末は「ピーク・エンドの法則」を意識することが大切です。この法則は，2002年にノーベル経済学賞を受賞した心理学者・行動経済学者ダニエル・カーネマン氏が提唱したもので，ある事柄に対する記憶や印象は，感情が最も強かった瞬間やその終わりの出来事によって決まる，というものです。

　これを踏まえると，学期末に子どもたちが楽しみや充実感を覚えることができれば，ポジティブな印象が強く残るということです。私は，子どもたちが笑顔で1学期を終えるように，学級通信に一人ひとりのがんばりや成長を，具体的なエピソードを添えて紹介しています。また，学期末には子どもたち同士のトラブルが起こらないよう，特に注意を払って対応しています。

　1学期の学級経営がうまくいかなかった場合でも，学期末に楽しいゲームを取り入れることで，子どもたちにとっての1学期の印象をよくすることができます。このような取組は，2学期以降の学級経営にもよい影響をもたらすでしょう。

2 子どもたちの成長を可視化する

　1学期は，子どもたちが「自律した学習者」になるための種まきの時期です。せっかくの種まきがあったにもかかわらず，他者の指示を待つことが最善だと感じさせてしまうと，自律した学習者への歩みが途絶える恐れがあります。

　そのため，子どもたちの成長を明確に，具体的に示すことが重要です。例えば学習面では，どの教科でもよいので，4月の点数と比較して点数が向上していれば，その事実を本人に伝えます。生活面では，友だち同士のトラブルをうまく解決できた場面や，お楽しみ会などのイベントでの取り組み方で成長を感じた場面など，「具体的な事実」を伝えます。その際，結果だけほめるのではなく，自分自身の努力が成果として表れたことを伝え，「がんばり賞」を贈ります。そうすることで，今後の意欲を高めていくことにつなげます。

　このように，7月は，教師の力で成長したのではなく，自分の努力で大きな成長ができたという実感を子どもたちに与えることが大切なのです。

3 子どもたちの手で
　　お楽しみ会を実施させる

　私は定期的に「お楽しみ会」を実施しています。学期末のお楽しみ会には，特に時間を長く取っています。お楽しみ会は，係活動の活動発表会として位置づけます。係活動は，学級生活向上のため，子どもたちがアイデアを生かす活動です。事前に，係ごとにお楽しみ会での発表内容を話し合い，準備を進めます。このプロセスを通して，話し合う力，みんなで決めて実行する力，協力する力を身につけられます。また，お楽しみ会当日の進行も子どもたちに任せ，子どもたちが主体となるようにし，教師は子どもたちのフォローに徹します。

4 子どもたちのがんばりを
　　保護者に動画で紹介する

　学期末の個人懇談で，子どもたちのがんばった瞬間や友だちとの関わりを保護者の方に伝えるために，写真や動画を活用します。写真や動画を見せながら説明すると，伝えたい内容が明確になり，保護者にも学校の様子が具体的に伝わります。また，授業のノートや漢字の宿題で，子どもたちのがんばりや成長も見せます。懇談では，特に子どもたちのがんばりを中心に伝えるようにしますが，もし気になる点があれば，学校でどのように対応していくのか，そして家庭でどのように協力してほしいのかを伝え，学校と家庭で連携して子どもを支え，育てていきます。

（小野　領一）

この写真を見てください。○○さんは…

そうだったんですね。ありがとうございます！

1学期の振り返り

1　学級づくり

　4年生の1学期は，学級のゴールイメージを教師と子どもで共有することが大切です。「そのゴールに近づくために何が大切か」という視点で，指導することはできたでしょうか。当たり前のことを当たり前にできるように指導する際には，「なぜそれが大切か」をともに考えるようにしましょう。

　子どもが納得できない指導をしていると，心は離れていきます。納得感のある指導を行い，小さな成長に目を向けます。それを価値づけていくことで，子どもは教師を信頼し，自分で考える習慣がついていきます。

　以上の点を踏まえて，次のような視点で1学期を振り返ってみましょう。

□友だちの間違いや失敗を温かく受け止められるようになったか。

□「わからない」が言える学級になったか。

□あいさつや返事をしっかりとできるようになったか。

□休み時間と授業時間の切り替えができるようになったか。

□話している人の方を向いて，話を聞くことができるようになったか。

□ロッカー，お道具箱，机の横の整理整頓ができるようになったか。

□給食は，時間内に準備・片づけができるようになったか。

□掃除は，教師が見ていなくてもきちんとできるようになったか。

□日直や1人1役の当番を，責任をもってできるようになったか。

□教師は学級のゴールイメージを子どもと共有できたか。

□教師はルールの趣意を子どもとともに考えたか。

2 授業づくり

　4年生の1学期は，学習規律を整えることと全員参加の授業をすることができたかを振り返りましょう。学習規律は，見栄えのためではなく，「自分たちの学びのために必要だ」と子どもが理解することが大切です。

　また，3年生までで授業中の自分の立ち位置が固まっている子どもも多くいます。全員参加の授業にするために，挙手だけに頼らず，指名を入れる，話し合いの中で全員に問い返す，立場を決めさせる，1人1台端末を活用する，ペアの交流で全員に話をさせる…と，だれも「お客さん」にしない工夫が必要です。時には，適度に追い込む指導を入れることも有効です。

　以上の点を踏まえて，次のような視点で1学期を振り返ってみましょう。

□友だちの発表を最後まで黙って聞くことができるようになったか。
□ペアやグループで全員が話せるようになったか。
□ノートを決まったフォーマットで，丁寧に書けるようになったか。
□1人1台端末を指示通りに使うことができるようになったか。
□決まった子の発表だけで授業が進むことはなかったか。
□全員が「お客さん」にならず，授業に参加できるようになったか。
□教師は子どもの発表を余計な復唱をせずに聞くことができたか。
□教師は空白の時間をつくらず，テンポのよい授業を行ったか。

（溝口　健介）

7月

保護者面談のポイント

1　事前準備に力を入れる

①机のレイアウトを整える

　レイアウト1つで面談の雰囲気が変わります。基本的に下のように保護者と教師が斜めの場所に座る形がおすすめです。正面で向き合わないので身体的な距離を保ちつつも心理的な距離は遠くならず，緊張感が和らいだよい雰囲気で行うことができます。

Ⅱ字型で斜めに座る形

L字型で斜めに座る形

②時計を置く

　互いに時間を調整したうえで面談を実施しています。会社を抜け出して来校している保護者もいらっしゃいますから，時間は絶対に守ります。遅れれば次の保護者や同僚に迷惑がかかり，多方面からの信頼が損なわれます。信頼を得るはずの面談でそのようになっては本末転倒です。時計を保護者にも見えるところに配置し，両者が時間を意識できるようにします。

③情報の整理

　保護者が知りたいことは，「学力・授業の様子」「友人関係・休み時間の様

子」「我が子のよさ・課題」の３つです。普段からこの３つについてメモし，情報が足りなければ早めに子どもをよく観察したり，振り返りのアンケートを行ったりして把握しましょう。成績表の他に，子どもが活動している写真も用意します。百聞は一見にしかず。イメージしやすく説得力が増します。

2 保護者の関心に応じて面談の重点を変える

　面談は，①家での様子，②学力や授業の様子，③友だち関係・休み時間の様子，④その他（学校へのお願いなど）の流れで行います。保護者の話を聞くことを大切にして，教師は保護者が一番聞きたいことを中心に話します。「10歳の壁」と呼ばれるように，子どもが自分自身を客観的に見るようになることで，つまずきを感じやすい時期です。勉強や運動，友だちとの関わりなど，子どもが学校生活のどこに不安を感じているのかを把握し，対応策を伝えましょう。また，家族よりも友だちを優先しやすい時期でもあります。学校での出来事を家族に話さない子も増えてきますから，普段の様子，中でも集団としての関わり方を中心に話していきましょう。

3 課題とよさは１：５で伝える

　学級全体ではなく，その子ならではの内容を伝えます。何のときに何をしていてどうだったのかを丁寧に話すことで，保護者は「しっかり見てくれている」と安心感を抱くことができます。また，課題を伝えるときには，その子のよさを５つ伝えてからにします。課題ばかり言われてもよい気分にはなれません。大切な我が子のことです。よさを５つ伝えられ，ようやく１つの課題を受け入れられるものです。もちろん，課題を伝えた後は，その対応策もセットで伝えていきます。帰りに「来てよかった」「明日も安心して学校に通わせよう」と前向きに思ってもらえる面談を目指しましょう。

（日野　勝）

 # 1学期の通知表文例

●教室に入ってくるときに元気にあいさつをする子ども

　　毎朝，教室に入ってくるときに，大きな声であいさつをしていました。
○○さんの元気なあいさつが，クラス替えをしたばかりの4月の教室を，
さわやかさと温かさで包み込んでいました。

　クラスの雰囲気を高める行動を表現するときに，「…してくれました」と
書きがちですが，見取った事実を客観的かつ冷静に記すことが大切です。

●身支度を整え，手際よく配膳ができる子ども

　　給食の時間には，てきぱきと身支度を整え手際よく準備を進めました。
配る人数を考え，1人分の量を上手に皿へ盛りつけることができました。

　食缶から皿へ均等に盛りつけるのは高学年でもなかなか難しいことです。
家庭でのお手伝いの経験が学校で生かされていることを保護者に伝えます。

●基本的な生活習慣が整わない子ども

　　登校時刻に間に合う日が増えてきました。本人の努力の成果が少しず
つ表れてきていますので，引き続き支援していきます。

　小さくてもポジティブな変化を見逃さないで，丁寧に記述します。文末に
今後の見通しや担任としての指導の方針を書くようにします。

●友だちと協力して丁寧に掃除ができる子ども

　　掃除の時間では，友だちと協力して隅々まできれいにすることができました。時間を見ながら効率よく作業を進め，使った道具をきちんとロッカーにしまっていました。

　掃除は学びの宝庫です。積極的に子どもの姿を評価していきましょう。

●学級で飼育している生き物の世話をしている子ども

　　学級で飼っている昆虫の世話を，毎日欠かさず行いました。えさとなる葉をたくさん集め，食べる様子をうれしそうに観察していました。

　「行動の記録」の「生命尊重・自然愛護」の評価と対応させます。

●登場人物の感情を，叙述を基に捉えている子ども

　　国語の「白いぼうし」では，登場人物の女の子について松井さんが感じたことを，会話や情景描写を手がかりにして考えていました。

　評価のポイントを具体的に入れて，保護者にわかりやすい評価にします。

●漢字がなかなか定着しない子ども

　　3年生のときに比べて，書ける漢字が増えてきました。毎日の努力の成果です。努力は必ず形になるので，声をかけ続けていきます。

　成長の兆しと日々の努力を称賛し，教師の指導の方針を記します。

7
月

●角の大きさを測定したり角をかいたりできる子ども

　　算数の「角の大きさ」では，コンパスで正確に正三角形をかき，すべての角度が60度になっていることに驚いていました。

活動を通して，数学的な見方・考え方を働かせている様子を記載します。

●自分たちの県の地理的環境の概要を理解している子ども

　　社会科の「県の広がり」では，隣接している県や県内で一番高い山，鉄道路線の広がりなどについて，興味をもって調べていました。

調べている様子だけでなく，調べた内容についても具体的に記載します。

●乾電池の数やつなぎ方を変えると，電流の大きさが変わることを理解している子ども

　　理科の「電池のはたらき」では，乾電池の数やつなぎ方によってモーターの回る速さが変わる理由を，簡易検流計の値から考えていました。

現象を比較し，理由を実証的な値から考察する姿を表現しています。

●学習に興味がもてない子ども

　　校庭の虫をたくさん見つけて観察できました。その高い意欲は学級の模範です。次の段階の学習につなげられるよう支援していきます。

その子なりのよさを必ず見つけ，今後の指導の方針とともに記載します。

●英語で好きな遊びを尋ねたり答えたり，遊びに誘ったりした子ども

　外国語活動では，"Do you like ○○？"と"Let's ○○."の表現を使い，友だちの好きな遊びを尋ねたり，誘ったりしていました。

重要な表現を具体的に表記することで保護者にもわかりやすく伝わります。

●道徳で自信をもって正しい行動をするよさに気づいた子ども

　道徳の「ドッジボール」では，自分が正しいと思うことを自信をもって行うときのすがすがしい気持ちを，ワークシートに書いていました。

道徳は到達度ではなく学習状況を記し，文末を「…できた」にしません。

●運動会で表現運動をがんばった子ども

　運動会に向けて，ダンスリーダーとして学級の先頭に立って活躍しました。本番は練習の成果を発揮し，すばらしいダンスを披露しました。

事前の練習（努力）→本番（成功）という流れを意識した書き方です。

●ノートを丁寧に書けない子ども

　ノートの字がだんだん整ってきました。尖った鉛筆で，下敷きを入れて書いている姿が増えてきたので，これからも声をかけていきます。

尖った鉛筆，下敷きというポイントを記載し，保護者と共有を図ります。

（岩田　将英）

8月の
学級経営の
ポイント

1 2学期に向けた準備は，自分のペースを大切にする

　長い夏休みも終わりが近づくと，何となく気分が重くなる先生も多いでしょう。一方，SNSには2学期に向けたやる気満々の投稿やキラキラした投稿もたくさん見られます。そんな投稿を見ると，若いころの私は焦りを感じ，やる気が出ない自分を責め，ますます気分が沈んでいました。

　以前，このことについて職場の先輩に相談しました。その際，「人それぞれだよ。気にせず，自分のペースでがんばればいいんじゃない？」とアドバイスを受けました。その言葉により，まるで肩の荷が下りたように感じました。それからは，夏休み中は2学期に向けて必要最低限の準備だけして，2学期が始まったら少しずつギアを上げていくようにしています。もちろん，夏休み明けに学校に行くのを楽しみにしている先生もいらっしゃるでしょう。そのような先生は，自分が納得するまで準備をするのもよいと思います。「自分のペース」を大切にし，「相手のペース」を尊重することが，結果的に私たちの働きやすさにつながるのではないでしょうか。

2 休み明けに向けて，教師が過度に準備しない

　夏休み明け，ほとんどの子どもたちは夏休みののんびりとした生活リズムのまま登校してきます。当然，子どもだけでなく，多くの教師も同じリズムでしょう。そこで大切にしたいのが，教師と子どもがともにゆっくりと進んでいく，ということです。

　例えば，夏休み明けまでに私は教室の掃除をほとんど行いません。なぜなら，学級の主体は教師ではなく，子どもたちだからです。教師が過度に準備をすると，子どもたちの主体性を失わせる恐れがあります。子どもたちと雑談しながら，夏休み明けにゆっくりと一緒に教室を整えることを重視しています。

　また，2学期開始後の1週間は，全速力で学校生活を進めることは避けます。1学期に取り組んだ内容や子どもたちの言動をゆっくりと振り返ります。気になる子どもの言動があれば指導を行いますが，過度な「指導の深追い」は避けるよう心がけます。

　無理せず，子どもたちと一緒に徐々に通常のペースを取り戻しましょう。

3 夏休みの宿題の確認に 時間をかけない

夏休みの宿題や提出物をどのように取り扱っているでしょうか。

私は，1学期の個人懇談の際，保護者に夏休みのワークの答えを渡し，丸つけをお願いしています。そのため，私が子どもたちから提出された夏休みのワークの丸つけややり直しをするということはほとんどありません。きちんと課題をやっているかどうかの確認をざっくりと行い，問題がなければワークの表紙に大きく花まるをつけ，翌日には返却するよう心がけています。

教師が夏休みの宿題の丸つけをして，子どもたちにやり直しをさせると，かなりの時間がかかり，結果として教師と子ども双方に負担が大きくなるのに，それほど教育的効果はありません。

2学期が始まると，教師も子どもも夏休みのことはすぐに忘れ，新しい学びや業務を優先するでしょう。すると，夏休みの宿題のチェックは後回しになってしまいます。

また，夏休みの宿題のやり直しよりも，夏休みの宿題の内容に関連する「お目覚めテスト」を実施する方が，子どもたちにとってもより有意義です。

しかし，どんな宿題であっても，出した宿題は必ず確認し，返却します。確認をしないことは，子どもたちに「宿題は出しても出さなくてもどちらでもよい」という隠れたメッセージを伝えるリスクがあるからです。

（小野　領一）

8月

教室掃除は夏休み明けに子どもたちとやろう。

115

9月の 学級経営の ポイント

1 1学期のすばらしい姿を 再確認する

　私は年間を通して「価値モデルギャラリー」という実践を行っています。この実践は，学級ですばらしいと感じた言動があれば写真を撮り，教師から何がすばらしかったのかをひと言添えて教室に掲示するというものです（参考：鈴木優太『教室ギア55　子どもの「やりたい！」をくすぐるアイテム』東洋館出版社）。「価値モデルギャラリー」を活用し，1学期にどんなことをがんばってきたのかを子どもたちと再確認します。その後，2学期にどんなことをがんばるのかをみんなで話し合い，2学期の学級目標を決めます。私の学級では学期ごとに学級目標を設定しています。それにより学級目標が単なる「お飾り」になることが少なくなると考えています。みんなで決めた2学期の学級目標を基に，子どもたちが2学期の個人目標を設定します。個人目標を設定したら，いつでもその目標を確認できるように学級目標のまわりに掲示します。そして月に1回程度振り返りの機会をもち，子どもたちが自身の目標を常に意識して日々を過ごせるようサポートします。

2 学級のルールとシステムの 再確認と見直しを図る

　夏休み明けに注意すべきことがあります。それは，教師も子どもたちも，徐々に学校モードに戻していくということです。

　そのため，学級としての方向性を子どもたちと丁寧に再確認します。同様に学級のルールやシステムも再確認します。この際，できていない子どもを指導するのではなく，できている子どもを積極的に評価していくようにします。この時期は子どもたちに「学校は楽しい！」と感じさせることが最も重要です。

　9月は教師にとっても子どもたちにとっても「リスタート」の時期です。そのため，学級のルールやシステムの再確認，見直し，新規追加が行いやすい時期です。子どもたちの主体性が向上してきていると感じた場合，学級のルールやシステムの見直しについて話し合いを促してもよいでしょう。

　2学期は，子どもたちの主体性が前面に出る期間です。学級経営を車に例えると，1学期のドライバーは教師で，2学期からは子どもがドライバーとなり，教師は助手席に座るイメージです。

3 教室環境を工夫して, コミュニケーション量を増やす

教室環境を工夫し，子どもたちのコミュニケーション量を増やすようにしかけていきます。

最初に座席スタイルです。座席スタイルは多岐にわたりますが，最もオーソドックスなのが，すべての机やイスが黒板を向いている「スクール形式」です。多くの教室がこの形式を採用しており，私も1学期にはこの座席スタイルを取り入れることが多いです。しかし，「スクール形式」は一斉指導には適していますが，子どもたち同士の対話を促進するのには難しい座席スタイルでもあります。

そこで，この時期からは座席スタイルを「コの字型」に変更します。「コの字型」は，左右の机が中央に向かい合わせになり，後部の机が黒板を向く座席スタイルです。この座席スタイルでは，クラスのみんながお互いの顔を見合いながら意見交換ができ，話し合い活動に非常に効果的です。

しかし，従来の一斉指導が難しくなるため，教師としては子どもたちが議論したくなるような対話の量が増える授業スタイルへの変更が求められます。

また，私の学級では，教室の中央の空間に，いくつかのベンチを配置しています。ベンチのように固定されていない座席を教室内に配置することで，子どもたち同士のさらなる対話を促せるようにしています。

（小野　領一）

2学期はじめの
チェックポイント

生活面	□健康観察での受け答えを気持ちよく行える □授業と休み時間，聞くときと活動するときなどの切り替えが早い □連絡帳やアンケートなどの提出物が全員そろう □係や当番の仕事が滞ったり，いい加減になったりせず，1学期と変わらず活発に行える □廊下で大騒ぎするようなことがなく，落ち着いて行動できる
学習面	□授業が始まると，おしゃべりをさっとやめて学習に向かうことができる □宿題や自主学習の内容に質的低下が見られない □ノートに書いたり，タブレットを操作したりするスピードが速い □グループでの話し合いにおいて，全員が無理なく発言できる
対人面	□乱暴な言葉づかいをする子がいない □周囲のことを考えながら，自律的に行動することができる □休み時間など，自由にしてよい時間に独りぼっちの子がいない □ダメなことは互いに適切に注意し合うことができ，それが嫌味にならない

1　生活面

　夏休みという長期の休みによって，1学期にはできていたことができなかったり，意識化されていなかったりといったことがあります。ここは，学級経営の再スタートと考え，1学期後半の状態にまで戻るようにしていきます。できれば，教師主導ではなく，子どもたち自らがルールに沿った行動の仕方を思い出せるようにします。「あれっ，○○はどうすればよかった？」と教師から問いかけてみたり，1学期のよい行動の写真を見せて気づかせたりします。こうやって，子どもの行動がより自律的になることを目指します。

2　学習面

　「リスタート」の意識をもって指導に臨むことが大切です。宿題や自主学習の質，「話す」「聞く」「書く」のスキル，学習活動に取り組むスピードなどをチェックしましょう。こういったところに学習意欲の違いが表れます。1学期に比べて低下している子どもについては，再度，取り組み方を指導すると同時に，学習意欲が高まる工夫も行いましょう。

　また，AIドリルや市販のプリントなどを使って，1学期の学習の定着度を確認します。定着が不十分であれば，朝学習などで継続して復習をするよう計画します。

3　対人面

　夏休み中の子ども同士のトラブル（最近はSNS上のトラブルが多い）が基で人間関係が崩れている場合があります。子どもたちの人間関係をつぶさに観察し，何か気にかかるところがあれば，周囲の子どもや保護者に尋ねてみましょう。そうして問題を把握し，必要があれば早めの指導を行います。

（岡山県公立小学校教員）

避難訓練
指導のポイント

1 避難訓練への「構え」をつくる

　4年生ともなると，訓練にはもう慣れています。その慣れが油断につながらないように火事や地震などの恐ろしさを伝え，「自分の命を守るための学習なのだ」ということを改めて強調します。それに加えて「自分で判断する」場面を事前の指導の中で意識させます。

2 事前指導の中で標語を確認する

　「おはしも」など定番のキャッチフレーズを覚えているか確かめておきます。担当の分掌から出されている内容を確認しておきましょう。

3　事後の振り返りを丁寧に行う

　避難訓練は，実際に避難が必要な事態が起きた場合に備えて，「前もって」
行うものです。つまり，訓練したことを実行できなければ，訓練の効果はな
かったということです。しかしながら，実際に避難が必要な事態が起こるま
で，そのことを確かめる術はありません。そこで，訓練の振り返りが大切に
なります。「おはしも（ち）」の約束が守れたかどうか，校内放送をよく聞い
て素早く行動できたかどうか，自己評価する機会をつくります。

　特に，事前指導の中で取り上げていた自己判断の場面に焦点化して考える
ようにすると，指導の効果が高まります。「防火扉はどのように通り抜ける
のがよいか」「階段で他の学年と会ったときにはどうしたらよいか」など，
子ども自身の「判断」を問われる場面で，どのように考え，行動したかについ
いて振り返り，訓練の精度を高めるようにします。

（藤原　友和）

これって何の曲？
スキャット曲当てゲーム

 時間　10分　 準備物　なし

　人気の音楽をスキャットに乗せて表現し，曲名を当てる活動を通して，クラス全体の気分を上昇させる。

1. ルールを理解する

先生が今から，ある曲を歌います。でも，歌詞はわかりません。なので，スキャット（ラララ）で歌います。わかった人は手をあげてください。静かにしないと聞こえませんよ。よーく耳を澄まして聞いてくださいね。

2. 教師の手本を見る

では，実際にやってみましょう。
♪ラ〜ラララ〜ラララ〜ラ〜ラ〜ラ〜ラララ〜ラララ〜ラ〜ラ〜

え〜っ，よくわかんないなぁ…。

あっ，わかったかも！

> **うまくいくコツ**
> 小さな声で歌い出し，集中せざるを得ないようにする。

えっ, なんでわかるの!?

 「○○」です！

 その通り！ 正解です。いい耳してるねぇ。

3 .子どもが出題する

 では, 先生に代わって歌ってくれる人？

 はいっ！ じゃ, いくよ！
♪ラララ〜ララ〜 ♪ラララ〜ララ〜
♪ラララ〜ララ〜ラララ〜

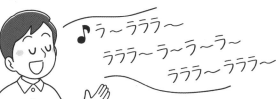

＼ ポイント ／

イマドキの曲を仕入れておくことがポイントです。流行のアニメソングが最適です。あとは子どもに任せましょう。

感覚を研ぎ澄まそう！
集中力ゲーム

時間	5分	準備物	●カラーマグネット ●ストップウォッチ

簡単に挑戦できるゲームを通して，友だちや教師の話を，意欲的に聴く。

1.ルールを理解する

こちらを見てください（おもむろにポケットからマグネットを取り出し何も書いていない黒板の中央にくっつける）。今から「集中力ゲーム」をします。ここにあるマグネットをただ見つめるだけです。まばたきは OK です。先生はみんなを見ます。視線を外した人は名前を呼びます。アウトです。声を出した人もアウトです。

2.ゲームを行う

それではやってみましょう。10秒に挑戦します。

ええ〜っ，バカにしないでよ，先生！

始めます。

> うまくいくコツ
> ざわついても耳を貸さず，さっと始めてしまう。

3 . 記録に挑戦する

先生の経験では，4年生ならば1分間集中していられます。みんなはできるかな？　さて，何人が達成できるでしょうか。やってみましょう。よ〜い，スタート！

楽勝，楽勝！

すごいですねぇ。
みんなの集中力は最高です！

＼　ポイント　／

　くどくど説明せず，さっと始めてしまうことがポイントです。また，時間があるときには「チャンピオンを決めよう！」と言って，競わせると盛り上がります。

チャンピオンはだれかな？

ロングトーンゲーム

 3分
時間

 ●タイマー
準備物

ねらい

　体を使って声を出す活動を通して，頭と体を起こし，学級に活気をもたらす。

1.ルールを理解する

先生が今から「あ～」と声を出します。なるべく長く続くようにがんばります。どれくらい続くと思いますか？

10秒くらいかな？

いや，もっといくでしょ！

じゃあ，やってみるよ。だれかタイマーを押して！
あ～～～～～～～～～～……。
ふうー。何秒？

40秒です。

すごい！　よくそんなに続くなぁ。

2. ゲームを行う

 では，みんなもやってみましょう。まず，20秒に挑戦しましょう。
用意はいいですか。よーい，スタート！

 あ～～～～～…

うまくいくコツ
はじめは全員ができ
る目標を設定する。

 ストップ！

 やったぁ，できた！

3. 最高記録に挑戦する

 さあ，次はチャンピオンを決めましょう。最高記録はだれの何秒か
な？　先生を超えられる人はいるかな？　よーい，スタート！

 あ～～～～～～…

 わーっ，限界だ…。

 ○○さん，まだ続いている。すごい！

\ ポイント /

　学級の実態に合わせて，教師の記録を短めにするのか，長めにするの
かがポイントです。子どもが教師を超えると盛り上がります。

9
September

言葉あそびでちょっと知的に！

オノマトペ連想ゲーム

🕐 **時間** 10分 📝 **準備物** なし

ねらい

　自由な発想で全員が参加できる簡単な連想ゲームを通して，学習に向かう気分を上げる。

1. ルールを理解する

代表の人は黒板を背にして前に座ります。そして，先生が黒板にお題を書きます。代表以外のみんなは，このお題を「オノマトペ」を使って表現し，代表の人に答えてもらうというゲームです。ただし，ジェスチャーをつけて教えてはいけません。

2. 練習を行う

では，試しにやってみましょう。前に出てみたい人？　はい，○○さん。では，ここに座ってね。黒板の方を見ちゃダメだよ。
（黙って黒板に「電車」と書く）

はい！　ガタンゴトン，ガタンゴトン。

あっ，わかった「電車」！

> **うまくいくコツ**
> 試しは絶対にわかる簡単な問題にする。

3. 難しい問題に挑戦する

 では，ここからが本番です。問題はこれです（水）。

 はい！　ゴクゴク。

 ジュース？

 残念！　他のヒントは？

 はい！　ザブザブ，ザブザブ。

 わかった！　水でしょ？

（駒井　康弘）

\　プラスα　/

時間があれば，Ａ４判の用紙に全員でそれぞれが思いついたオノマトペを書いて一斉にヒントを出すのもよい。

10月の
学級経営の
ポイント

1　学校行事を子どもたちの
　　成長の機会にする

　この時期，運動会や遠足など様々な学校行事が予定されているでしょう。これらの行事に参加させる際，子どもたちに「当事者意識」をもたせることが大切です。

　運動会の場合，本格的な練習が始まる前に学年やクラスでオリエンテーションを実施します。運動会を通じて，個人や学級全体としてどんな能力や力が身につくのかを伝えるとともに，子どもたちのやる気スイッチが入るような「語り」を行います。ただし教師だけの一方的な意見や想いでは，子どもたちに当事者意識は生まれません。そのため，子どもたち同士での話し合いの時間を設け，学級として運動会で成し遂げたいことや，個人として達成したいことなどのゴールを共有します。

　単に見栄えを重視するのではなく，運動会を通じて子どもたちがどんな力を身につけるべきかを教師が深く考えることが大切です。他の学校行事においても，この考え方は同じです。学校行事を，子どもたちの成長のための手段として最大限に活用することが重要です。

2　「プラスの騒がしさ」は
　　成長の証と捉える

　2学期は，1学期よりも子どもたち同士の関係性や小グループ間の絆を強化する方向に進めていきます。そのために，授業等で子どもたち同士の対話の量を増やすことを意識します。子どもたち同士のコミュニケーションを増やすことで，相互の関係性が向上するからです。これは「ザイオンス効果」に基づいています。これは，繰り返しの接触を通じて興味や好意が生まれるという心理的な効果を意味します。コミュニケーションを促進するために，授業ではペアトークやグループワークの時間を1学期よりも増やすようにします。

　さらに，すきま時間に対人関係ゲームを取り入れることで，子どもたちのコミュニケーションをより活発にすることができます。その結果，学級はやや騒がしくなるかもしれません。しかし，「自分にとっても友だちにとっても何がベストなのか」ということを子どもたちに繰り返し考えさせることで，ただ私語によって騒がしくなる「マイナスの騒がしさ」が少なくなり，友だちとたくさん対話している「プラスの騒がしさ」が増えてきます。

3 子どもたちの主体性が発揮される授業をつくる

子どもたちの成長に応じて，授業のスタイルも変更していきます。2学期は，子どもたちの主体性が発揮されるような授業づくりを心がけます。

例えば，算数の授業では，前半を一斉指導で行い，後半を子どもたちが自分のペースで学びを進めるスタイルにします。友だちとの協同学習，タブレットや教科書を活用した問題演習，教師への質問など，子どもたちには学び方を自己選択してもらい，それに基づき学習を進めていきます。また，子どもたちが互いに教え合っている様子を観察すると，一斉指導時よりも子どもたちのつまずきポイントを見つけやすいという利点があります。

一方，子どもたちが互いに教え合う時間を増やすと，授業は騒がしさを帯びることがあります。多くの先生が，この騒がしい授業にネガティブな印象を抱くかもしれません。しかし，授業における騒がしさにも，学習に前向きな声が多い「プラスの騒がしさ」と，学習に関係のない私語が多い「マイナスの騒がしさ」があります。このように，騒がしさの捉え方を変えると，授業の幅を広げることができます。

もし，子どもたちに授業を委ねて明らかにマイナスの影響が生じている場合は，迷わず一斉指導中心の授業に戻します。

（小野　領一）

昨日のアニメ見た？

見た見た！

ここをもう少し詳しく教えて！

これはね…

音楽祭
指導ポイント＆
活動アイデア

1　指導ポイント

☑ 曲への思いをもたせる

曲の雰囲気を感じ取り，そのよさを実感できるようにすることで，思いや意図をもって歌ったり演奏したりできるようにする。

☑ 見ている人を意識させる

自分たちが楽しいだけでなく，観客にも楽しんでもらうという視点を与えることで，他者意識をもてるようにする。

☑ 仲間と協力して取り組めるようにする

音楽祭の練習を通して自主活動を大切にすることで，みんなで協力しながら成しとげる喜びを感じられるようにする。

☑ 目的意識をもたせる

毎日の練習は何のためにするのかを明確にすることで，限られた時間を有効に使うことができるようにする。

☑ 自己の成長を感じさせる

毎日の練習を振り返る場面を設定することで，自分の成長に気づき，自信をもって取り組める機会にする。

2 活動アイデア

①招待状をつくる

　保護者の方に向けて音楽祭の招待状をつくります。日時や場所を書くことはもちろんですが，4年生では曲の紹介文にもチャレンジしてみましょう。

　紹介は，すべての曲のことを書いても，1曲だけのことを書いてもよいことにします。まずは，自分たちが演奏している曲を改めて鑑賞してみます。それぞれのタブレットに音源を入れておくと自由に聴き返すことができます。「どのような曲なのか」「聴いてほしいところはどこか」「練習をしていて苦労しているところや，がんばっていることは何か」「自分が気に入っているところはどこか」などを書きます。あらかじめ曲のことや作曲者・作詞者のことを調べたり，伝えたりしておいてもよいでしょう。

　最後にメッセージを書き，好きな色の画用紙に貼りつけて完成です。一度集めて目を通し，各家庭へ持ち帰らせましょう。曲の紹介文の内容は鑑賞の評価の一部としても使えます。

10月

②楽器ごとに小グループで練習を行う

　合奏では，リコーダー，木琴，鉄琴，キーボードと，たくさんの楽器を使います。最後まで演奏できるようになるまでは，楽器ごとに小グループをつくって練習をしましょう。

　はじめにその日に練習する小節を知らせます。その後，グループに分かれて練習をスタートします。リズムがわからないグループは，教師が演奏したり，歌ったりして伝えます。グループ内で教え合いながら練習に取り組みます。リコーダーパートでは，リズムはわかっても運指がわからない子もいるので，グループ内で向かい合わせで練習するとよいでしょう。

　メロディをタブレットに録音して，各グループに配付しておくと，グループ練習がしやすくなります。練習時間が終わったら，全体で合奏してみたり，グループでタブレットに録画したりしてみましょう。

　１人ではやる気をもって取り組むのが難しいことも，仲間と教え合うことで，楽しんで取り組むことができます。

③練習ごとに目標を立て，振り返りを行う

　音楽祭の練習が始まるまでに，学年集会を開きます。この行事で何を大切にしたいのかを出し合います。出てきた言葉を見ながら，音楽祭に向けてのスローガンを考えましょう。スローガンを考えることで，学年の一体感が生まれます。

　また，日々の練習では，今日は何をがんばりたいのか，始める前に考える時間を取ります。今日がんばることを各々１つ考えて練習をスタートしましょう。毎回数名に発表してもらうと，みんなの士気を上げることにもつながります。

　練習の最後には，最初に立てた目標に対して自分はどうだったのかを振り返ります。こちらも発表する時間を取りましょう。「今日はピアノの伴奏をよく聴いて合わせることをがんばることができました」「２番の歌詞がまだ覚えられていなかったので，明日の練習はそれをがんばります」など，練習が充実したものになるように毎回続けましょう。最後に学年のスローガンを再確認して終わります。

　行事は子どもたちが成長する絶好のチャンスです。自分の成長に気づくとともに，仲間の成長も感じられるとよいですね。

（土師　尚美）

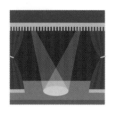

学芸会
指導ポイント＆
活動アイデア

1 　指導ポイント

☑ **脚本を作成する**

国語や道徳で学習した物語や資料を素材に脚本を作成すると，時間をかけて学習した内容だからこそ，より豊かな表現が期待できる。

☑ **目標を設定・共有する**

「自分なりのひと手間を加えよう！」など，劇を「こなす」のではなく，劇づくりに「参加した」感覚を味わえる目標を設定する。

☑ **配役を決める**

演じることにはずかしさを感じ始める学年なので，脚本作成に携わらせたり，照明係・小道具係を役割に加えたりする。

☑ **子どもに練習を委ねる**

各担当ごとにリーダー役の子どもを配置し，リーダーが中心となって練習を進めていく。

☑ **思い出を映像に残す**

練習中の子どもたちの様々な表情を撮り，本番後に撮りためた映像を基に全体で振り返る。映像は DVD でプレゼントする。

2　活動アイデア

①身体表現力をゲームで高める

　4年生には，身体表現の大切さに目を向けさせたいところです。しかし，「もっと身体を大きく使って！」といった一方的な指示ばかりでは，子どもが身体で表現することに抵抗感をもってしまいます。

　子どもたちが「楽しさ」を感じながら身体表現力を高めるためのおすすめゲームが「どのセリフのときの〇〇でしょう？」です。2〜5人のグループになり，1人が国語の教科書に掲載されている物語の中のセリフの1つを表情と身体のみで表現します。どのセリフの表現なのか，観ている子どもに伝わればクリアです。少し難易度が高めのジェスチャーゲームのようなものですが，4年生なら大いに盛り上がります。年度はじめから取り組むことで，表現することにも慣れ，学芸会の時期には表現したくてたまらない4年生になっていることでしょう。

②相互観劇を行う

　表情で表現することや声を出すことに慣れてきた４年生。教師から一方的に指導を受けてきた低学年期から１歩進んで,「気づき」を大切にした練習を進めていきましょう。おすすめは他学年との相互観劇です。

　４年生の相互観劇を通した学習には, ２つのパターンがあげられます。１つは低学年児童（１～３年生）との相互観劇, もう１つは高学年児童（5, 6年生）との相互観劇です。

　前者は, 演者の経験で先輩にあたる４年生が低学年の姿を観て助言やエールを送ります。送った助言やエールを自身の演技に生かすことが目的です。

　後者は, 演者の経験で先輩にあたる5, 6年生が４年生の姿を観て助言やエールを送り, ４年生の自尊心や自信を高めることが目的です。

　他者から観られる場は, 本番前に一度は経験させておきたいところです。相互観劇での気づきや経験が本番で大いに役立つことでしょう。

③背景画をつくる

　お面や小道具を作成した低学年期。個人のものではなく，大道具を仲間と協力して作成した3年生。4年生では学級（学年）全員で協力して，1つの大きな作品をつくることで「達成感」と「つながり」を生み出しましょう。おすすめは，背景画づくりです。

　順番としては，まず劇の内容に合う背景画にはどのようなものがあるのかを学級で話し合います。時間的なことを踏まえると4枚程度（縦5.5m×横10mの模造紙）が限界でしょう。次に，背景が関係する場面グループに分かれ，それぞれの背景画を作成していきます。なにしろ巨大な背景画ですから，同時にいろいろな方向から作業をしていかなければなりません。協働しての作業には，当然言葉が必要になってきます。苦労をともにすることで，子ども同士の「つながり」が生まれます。そして，自分たちで作成した背景画が舞台に掲げられたときの「達成感」。子どもたちが見せる表情には，教師もグッとくるものがあります。自分たちが苦心してつくり上げた背景画を背負っての舞台に，力が入らないわけがありません。

（日野　英之）

秋の運動会
指導のポイント

1 常に見られているという意識をもたせる

　練習に入る前の事前指導では，「低学年のお手本になろう」と伝えるとよいでしょう。お手本，すなわち常に見られているという意識をもつことで，子どもたちに緊張感が生まれます。「この並び方は，低学年にも見せることができるね！」とよい姿を価値づけることができますし，課題点についても「この練習の雰囲気は，低学年のお手本になるかな？」と指導することができます。練習後の講評を実際に低学年の担任の先生にしてもらうと効果抜群です。

2 オリジナルの振りつけを考えさせる

　低学年は「かわいさ」，高学年は「かっこよさ」，では中学年は…？　中学年の団体演技はテーマ設定が難しく，だれもが悩むところではないでしょうか。そこでおすすめのテーマが，「自分たちらしさを表現しよう！」です。思いきって自分たちで振りつけを考えさせてみてはいかがでしょうか。「8拍×2を各クラスで考えてみよう！」と子どもたちに提案すると，喜んで考え始めます。「かわいく決める？」「かっこいい技はどうかな？」「ちょっとふざける？」など，自然に話し合いが生まれます。子どもたちに任せることで主体性を育むことができ，自分たちらしく演技をつくり上げることができます。

　テーマ設定が難しい中学年は，「自分たちらしさ」をキーワードに取り組んでみてください。

3 ダンスリーダー制を取り入れる

　団体演技の練習において，学年の先生だけで100人近くの子どもたちを指導するのは至難の技です。特に，難しい振りつけにもなると，思うように指導できないことが多々あります。そんなときは「ダンスリーダー制」を取り入れてみてはいかがでしょうか。

　ダンスリーダーとは，振りつけの練習を引っ張る子どものことです。全体練習が始まる前に，あらかじめ練習しておきます。舞台でお手本を見せる子，困っている子にアドバイスする子など，リーダーの中でも役割を分けておくとよいでしょう。

　練習中マイクで指示するのは教師，動きの見本はダンスリーダーといったシステムを取り入れると，子ども同士のつながりが生まれ，子どもと子どもの関係がぐっと強くなります。ただし，子どもたちの中に上下関係が生まれないように，しっかり見守りましょう。

10月

（工藤　智）

141

11月の
学級経営の
ポイント

1 学校行事のアフターショック に注意する

11月は学級が荒れやすいと言われます。この時期に荒れる理由は様々ですが，その1つとして大きな学校行事が考えられます。

では，なぜ運動会や学習発表会のような大きな学校行事の後に学級が荒れるリスクが高まるのでしょうか。

まず，教師が行事の「見栄え」を重視し，子どもたちの感情や意見を二の次にしてしまうからです。その結果，子どもたちに「やらされ感」が生まれ，納得できない指導が続くことで，教師と子どもたちの関係が悪化してしまいます。

次に，学校行事の期間中は特別なスケジュールや作業が多く，教師も疲れやストレスが溜まりやすいため，学級での指導が手薄になるからです。

最後に，子どもたちが1つの大きな目標に向かってがんばった後，その目標を失い「燃え尽き症候群」になることがあるからです。

学級の雰囲気が重いと感じたときは，子どもたちとともに笑顔の時間を意識的に増やすことが大切です。

2 特別な相手意識や目的意識を もつように授業をデザインする

2学期も半ばを迎え，個人の力と学級全体の力がずいぶんと育ってきた時期です。そのため，授業内で自治的な集団を育成するために，私は一斉指導の時間をできる限り減らすよう意識しています。もちろん，活動中の子どもたちの様子を観察し，必要であれば一斉指導は行います。

授業を子どもたちだけで進めるためのカギは「授業の行事化」です。これは坂本良晶先生が提唱した概念です。「授業の行事化」とは，子どもたちが特別な相手意識や目的意識をもつように授業をデザインすることを指します。例をあげると，体育のマット運動では，シンクロマットの発表会を授業の終わりに設定します。この発表会は子どもたち同士で見るだけでなく，動画を撮影して保護者にも見てもらいます。こうすることで授業を行事化することができます。授業を行事化することで，サボる子どもはほとんどいなくなります。教師は，授業の要所で優れた言動，パフォーマンスをしている子どもをほめ，それを全体で共有するようにします。

3 「シークレットフレンド」で
子どもたちの相互理解を深める

この時期，子どもたちの人間関係をさらに深めることを意識します。その1つの手段としておすすめなのが，「シークレットフレンド」というアクティビティです。

まず，子どもたちに小さな紙を1枚ずつ配り，その紙に自分の名前を書いてもらいます。書き終わったら，紙を折って名前が見えないようにして回収します。そして，回収した紙から1枚を子どもたちに引かせます。自分の名前が書かれた紙を引く可能性も考慮し，すぐに名前を確認させます。自分の名前が書かれた紙を引いた場合は，再度引くように指示します。その際，他の子どもに自分が引いた名前が見えないように注意させます。引いた

名前の子どもを1日じっくり観察し，その子どものよい点やがんばっている点を見つけるように指示します。終わりの会で，その子ども宛てによかったところやがんばっていたところを手紙に書いて渡します。手紙を受け取ったときの子どもたちの喜んだ顔やはにかんだ顔は，見ていてとても温かい気持ちになります。しかし，友だちのよい点を見つけることが難しい子どももいるため，そのような子どもには教師がフォローします。

さらに，席替えも短いスパンで2週間に1回の頻度で行うことが考えられます。授業中も対話の時間をたっぷりと取るように心がけ，子どもたちが学級の中で様々な友だちとコミュニケーションを取れるようにします。

(小野　領一)

11
月

143

「11月の荒れ」の
チェックポイント

生活面	□ルールの逸脱行為を見過ごさず，どうしてルールが守られないのかを理解したうえで，その対応をみんなで考えるようにしている □子どもたち自身が学級の問題に気づき，問題を解決する方法を考え，それを実践し，振り返りをする，というサイクルを回している □子どもたちで問題を解決できたことの価値を語り，そのような行動の内在化を図るようにしている □今までの係活動や当番活動を振り返らせ，さらに学級がよくなるような取組を導入している □他の複数の教師に学級を観察してもらい，学級集団の成熟度を見てもらっている
学習面	□課題解決の方法を選択させたり，考えさせたりするようにしている □自力解決学習，ペア学習，グループ学習など，学習形態を子どもたちに選択させている □事前に評価規準を子どもと一緒に考え，それに沿って自己評価させている □振り返りを書く時間や交流する時間を十分に取るようにしている □苦手さが目立たなくて済むようなフォローの仕方を事前に考えている

対人面	□目標達成のために自分に合った方法を取ることをお互いに認め合えるようにしている □友だちはなぜ自分と違う方法を選択したのかを考えさせるようにしている □交流を通して他者の新たな発見や気づきが得られる体験を仕組んでいる □自分と価値観が違う考えや行動の仕方の中に，多くの学びがあることを理解させようとしている □社会的障壁や合理的配慮の考え方を学級に広げ，他者への受容性を高めていくようにしている □過度な規範意識が働かないように全体をコントロールしている □いじめに対するアンテナを張り巡らせ，細心の注意を払って子どもを観察している

1 生活面

　ここまでに至る過程で，教師がどんな関わり方をしてきたかで，集団の成熟度は大きく変わります。いつまでも課題を教師が決め，解決方法を教師が指示し，その評価も教師が行う，といった教師主導型の関わり方をしていると，教師の意に沿うことができた子どもはよくても，そうでなかった子どもは自信喪失，意欲低下，無気力といった状態に陥ります。これを教師が指摘したり，注意したりしていると，教師に対する不信感が生まれます。

　そして，教師の主観だけを働かせた指導では，教師についてこられない一部の子どもや，みんなと同じ行動や同じ成果を求められることにストレスを感じやすい子どもを見落としがちになります。そういった子は，不適切な行動をして周囲の目を引くようになったり，教室から出る，教室に入らないといった逃避行動に走ったりします。

この時期には，今まで身につけてきた子どもの力を信じ，これまで教師主導で行ってきたことを少しずつ子どもに委ねる，委任的な関わりが大切になってきます。河村茂雄氏（2012）は，学級集団づくりの最低限である「ゼロ段階」達成後の委任的な指導行動のポイントとして，以下をあげています。
①リーダーシップを柔軟に切り替える
②児童生徒の主体性を尊重する形で指導する
③個人のサポートを適切にさりげなく行う
④適切なポイントで児童生徒の意欲の喚起・維持を行う
⑤リーダーを支えながら学級内の世論を建設的に方向づける
　日常生活の中で，こういった関わり方を行い，子どもたちの自力解決を支えます。そして，子どもたちのしたことの意味や価値を，節目節目で語り，内在化を図ります。

2　学習面

　学習場面においても，教師の委任的な関わりが大切になってきます。具体的には，単元の中で数時間でも，また1時間の中で少しでも，子ども同士の協働的な学習場面をつくります。課題の設定についても，子どもたちの思考のズレをうまく生かして，自らが「調べたい」「わかるようになりたい」と思える課題づくりを行います。そして，課題解決の方法やグループの組み方を子どもに選択させたり，考えさせたりして，学習計画を立てます。評価規準も，授業の冒頭で子どもたちと一緒に考え，授業後にはそれに沿って自己評価させます。こういった学習のサイクルを回していくと，子どもたちにとって学習が自分事になります。こうなると，子どもたちは学習に対して，自律的に，また責任をもって取り組むようになります。自律的動機のもとに学習ができる学級には，いわゆる「11月の荒れ」は起こりにくくなります。
　ただし，学力の低い子どもの手立てについては考えておく必要があります。グループ学習をしていると，学力的に厳しい子も仲間と一緒に活動している

ことで目立たなくなりますが，本人が学習に達成感をもてないままでいると
いうケースが見受けられます。そのことで疎外感を抱いてしまい，集団に入
れなくなることもあります。教師は，そういった子をさりげなくフォローす
る方法を事前に用意しておきます。

3 対人面

　この時期の集団形成の根底には，互いの違いを認め合ったり，互いを支え
合ったりできる関係が育っていなくてはなりません。教師は，目標達成のた
めに個々が自分に合った方法を採ることを認め，なぜその子がその方法を採
ったのかを周囲の子に考えさせることで学級に他者理解を広げていきます。
そして，お互いのよさを見つけ，それを取り入れることで自分に大きな成果
があることに気づかせます。

　ところが，互いを認め合う関係を「みんなで同じ方向に向かって行動でき
る関係」と捉えてしまうことがあります。そういった教師は，休み時間の全
員あそびなど，全員がそろって何かをする行動を子どもたちに求めます。こ
れをいつも要求していると，どんどんクラス内に規範意識が増幅します。規
範意識が増幅すると，さらに子どもたちは行動を合わせようとします。この
意識が過剰に働くと，みんなと同じ行動が取れない子を排除するようになり
ます。集団の安定化を図るために，そういった子は集団を乱す危険分子であ
ると捉えられるのです。こうして，クラス内に仲間外れやいじめが起こりま
す。そうなると，学級の穏やかな雰囲気はなくなり，自分がいつ仲間外れや
いじめのターゲットにされるかわからないという不安が募り，学級はどんど
ん不安定なものになっていきます。こうならないためにも，教師が過剰な規
範意識を働かせないようにコントロールをすることが必要です。

【引用・参考文献】

・河村茂雄『学級集団づくりのゼロ段階』(2012)

（岡山県公立小学校教員）

147

慣用句例文かるたを
つくろう！

1　授業の課題

> 慣用句について調べ，例文を使ってかるたをつくりましょう。

2　授業のねらい

　慣用句の意味を知り，例文かるたをつくることを通して，楽しみながら慣用句を使って表現することができるようになる。

3　授業展開

①慣用句について知る

　慣用句をいくつか提示し，その意味を考えます。

T　（「さっきのけんかのことは，水に流そう」を提示して）
　　「けんかを水に流す」って，どういうことでしょう？
C　水道の水で流すわけないよね？
C　水で流すということだから，きれいにするってことかな？
T　きれいにするっていう表現，なかなかよいですね。これは，水で流してきれいにする，なかったことのようにきれいさっぱり，ということですね。このような言葉を「慣用句」といいます。

②慣用句を調べる

国語辞典や慣用句辞典を使って慣用句を調べます。慣用句を調べたら，例文をつくっておきます。上段に慣用句，中段に意味，下段に例文を書くことができるようなワークシートを用いると便利です。条件を指定すると，様々な慣用句を調べることができます。例えば「『心』が入っている慣用句」「動物の名前が入っている慣用句」「カタカナの入っている慣用句」などです。

③慣用句かるたをつくって楽しむ

調べた慣用句を使って，かるたをつくります。「慣用句例文かるた」なので，ペアのカードの１枚には例文の前半を，もう１枚には慣用句を書きます。はじめは，例文の前半を書いたカードを読み札にするとわかりやすいです。中には，どちらも正解のような組み合わせがあるかもしれません。そんなときには，どのように違うのか考えてみるのもおもしろいです。

C　（読み札）漢字プリントを１枚終わらせるなんて…
C　（取り札）朝飯前！
C　（読み札）算数の難しい問題に，みんなが…
C　（取り札）頭をひねっている！
C　（取り札）頭を抱えている！
C　えっ，どっちも当てはまりそう。正解はどっちかな？
T　どちらでもよさそうだけれど，「ひねっている」と「抱えている」では，どのように違うのでしょう（動作化させてみるとわかりやすい）。
C　どっちでもよさそうだけど，抱えているの方は，もうお手上げって感じ。
C　比べてみると，少し意味が違うんだね。

読み札と取り札を逆にする，慣用句の札を山にして１枚ずつめくり例文をつくる速さを競ってみる…など，様々な楽しみ方で表現力を鍛えましょう。

（手島　知美）

電卓の５が使えないときは どう計算するの？

1　授業の課題

電卓を使って，２桁×２桁の計算を楽しもう。

7	8	9
4	5	6
1	2	3
0	・	=

2　授業のねらい

12×25の計算の仕方を考える活動を通して，かけ算の性質（分配法則や結合法則）を活用するよさを味わう。

3　授業展開

①電卓を使って自由に計算する

自由に２桁×２桁をつくり，電卓で計算します。「筆算も使わないから簡単！」と子どもは大喜びします。数問計算をした後，次のように問います。

T　電卓の５が壊れて使えないとしたら，12×25はどう計算しますか？

②5を使わずに，12×25の計算を考える

　問いが明確になったところで，しばらく自力解決の時間を取ります。すると，子どもはかけ算の性質を活用しながら多様な求め方を考えます。

C　5が使えなかったら，12×25をそのまま打つことはできない…。
C　12を25回たせばいい！　大変だけど。12＋12＋12＋12…＝300
C　12×24だったら，電卓が使えるのになぁ。
T　そうだね。でも，12×25の計算だから12×24は使えないね。
C　12×24は使えるよ！　分けて計算するといい！　12×24＋12×1＝300
C　だったら，×26をして12をひいてもいいね！　12×26－12×1＝300

③3×100ってどういう意味？

　「3×100＝300の式でできる」という子どもが現れます。もしこのような考えが出なければ，教師から提示してもよいでしょう。

11
月

T　3×100＝300で求めた人もいるようです。どうやって考えたのかな？
$$12 \times 25 \quad \rightarrow \quad 3 \times 100$$
C　3？　100？　どこからこの数が出てきたの？
C　わかった！　12を3と4に分けると，3×4×25になるでしょ。
C　3×4×25の4×25を先に計算すると3×（4×25）になるから，式は3×100になるってことだね。

$$12 \times 25$$
$$\downarrow$$
$$3 \times (\underline{4 \times 25})$$
$$\downarrow \quad 100$$
$$3 \times 100$$

（新城　喬之）

151

ペットボトルマジック
から考えよう！

理科

1　授業の課題

ペットボトルマジックを見て，空気の
温度と体積の関係を考えましょう。

2　授業のねらい

ペットボトルがへこんだり膨らんだりするマジックを見ることを通して，
学習への期待感を高め，ペットボトルの様子などから，空気の温度と体積の
関係を考えるきっかけをつかむ。

3　授業展開

①ペットボトルマジックを見る

水槽をマジック用の段ボールで隠して，ペットボトル
を出し入れします。水槽には氷水とお湯がそれぞれ入っ
ており，へこんだり膨らんだりする様子を見せます。

T　このペットボトルに注目してください。よーく見ていてくださいね。音

もよーく聞いておいてください。

（ペットボトルを出し入れする）

C　なんかベコベコって音がする！

C　あっ，ペットボトルがへこんでる！

C　今度は膨らんでる！

C　なんか水滴がついてる！

C　膨らむ前の段ボールから湯気が出てた！　もしかしてお湯があるの？

②空気の温度と体積にはどのような関係があるかを予想する

　湯気や水滴から，ペットボトルをお湯や氷水に浸けたことに気づくと考えられます。生活経験と関連づけて考えにくい実態がある場合は，この体験を基に予想させます。

T　先生はペットボトルに何をしていたのかな？

C　お湯や水に浸けていたんじゃないかな。

C　温度が変わると，空気は膨らんだり縮んだりするのかな。

T　では，今回の課題を設定しましょう。

C　空気の温度と体積にはどのような関係があるのだろう。

③実験方法を考える

　次に実験方法を考えさせますが，教科書にはガラス管にゼリーを入れて体積の変化を調べる方法が載っています。ここでは教師がペットボトルを使用しているので，ペットボトルを活用した実験でもよいでしょう。

T　みんなの予想をどうやって確かめようか？

C　先生がマジックでしていたみたいに，ペットボトルを使う！

C　ペットボトルの中の温度を変えるために，お湯と氷水を使おう！

C　絶対先生と同じ結果になると思うよ！

（田中翔一郎）

どのように伝えたらよいか考えよう！

1 授業の課題

「絵はがきと切手」（文部省『道徳の指導資料とその利用3』）で，主人公よし子の気持ちを理解したうえで，よし子になったつもりで正子に手紙を書いてみよう。

2 授業のねらい

手紙を書く活動を通して，友だちに言いにくいことを伝えたり，忠告したりするときには，友だちの気持ちや立場を推し量り，心を込めて書くことが大切であると理解し，実生活にも生かしていこうとする実践意欲を養う。

3 授業展開

①問題を把握し，自分で考える

よし子が迷いながらも手紙を書こうと決めた理由は，友だちの正子がきっとわかってくれると信じたからであることを確認します。そのうえで，実際に手紙を書けるようなワークシートを配付します。

T よし子になったつもりで正子に手紙を書いてみましょう。切手の料金が不足していたということを，どのように伝えたらよいでしょうか？

②ペアやグループで書いた手紙（ワークシート）を基に交流する

　２人１組になって手紙を交換させます。その中で，手紙を受け取った正子の気持ちも感じさせます。

T　２人１組になって手紙を交換してみましょう。その後，手紙を読んでみてどんな気持ちになったか，話し合ってみましょう。
C　最初は「料金が不足していました」なんて書くのは嫌だなと思っていたけど，むしろはっきり伝えてくれてすっきりした。
C　やっぱり友だちを信じて書いてよかったんだ。
C　気をつかって書いてくれたことが伝わってきてむしろうれしくなった。
C　どう書けばよいか悩んだけど，心を込めて書いてよかった。

③手紙を書いてみた感想，受け取ってみた感想を基に，友だちの気持ちや立場を推し量り，心を込めて書くことの大切さについてまとめる

　友だちの過ちを指摘したり，忠告や助言したりするときには，自己本位に正しさを押し通すのではなく，相手の気持ちや立場を考えて言葉を選ぶことの大切さを感じさせます。

T　友だちに言いにくいことを伝えたり，忠告したりするときには，どのようなことが大切だと感じましたか？
C　正しさを押しつけないことだと思います。
C　いくら正しいからといって，言い方に気をつけないと，相手に伝わらないからね。
C　正しさじゃなくて，友だちのことをよく考えて，どのように伝えたらよいか言葉を選ぶことが大事だね。
C　この友だちにはこういう言い方がいいとか，あの友だちにはこういう言い方をしようとか，普段から友だちのことをよく理解しておくことも大切だね。

（鈴木　賢一）

12月の
学級経営の
ポイント

1 クイズや動画を用いて
リフレクションの質を高める

多くの行事を通じて子どもたちは大きく成長したことでしょう。そんな子どもたちに，2学期にがんばったことや楽しかった出来事をクイズ形式で振り返ってもらいます。クイズの出題に際しては Kahoot! のようなクイズアプリケーションを活用します。事前に子どもたちへアンケートを行い，学級での楽しい出来事や印象的な瞬間を取りまとめ，それを基にクイズを作成します。学級内にクイズ係が設定されている場合，その係にクイズを作成させると，より一層の盛り上がりが期待できます。さらに，2学期の行事やクラス活動の写真をまとめて，思い出のムービーとして全員で鑑賞します。

冬休みを迎える前に，多くの先生は2学期を振り返る時間を設けることでしょう。そのときに，クイズや動画を用いることで，リフレクションの質を向上させる効果があります。子どもたちが「自分は大きく成長した」という充実感をもって2学期を締め括れるようにしましょう。

2 子どもたちの企画・運営で
お楽しみ会を行う

私は，1学期から，1か月半に1回のペースでお楽しみ会を開催しています。この時期には，クリスマスパーティで盛り上がります。私の学級でのお楽しみ会は，各係活動のプロジェクトの発表の場として位置づけています。基本的に，係活動は子どもたちが創意工夫を凝らして取り組むことで，学級生活をより豊かにするための活動です。例として，飾りつけ係はお楽しみ会に向けて教室の飾りつけを手がけ，マンガ係，イラスト係，工作係はそれぞれに会のための作品を制作してくれます。さらに，ピアノ演奏係は演奏を，ダンス係はダンスを披露してくれます。この活動のポイントは以下の通りです。

- ・複数の係活動への参加も可能。
- ・係活動の時間は定期的に確保する。
- ・お楽しみ会終了後には各係活動をいったん解散する。
- ・お楽しみ会への参加は必須だが，プロジェクト活動への参加は任意。

また，「他の友だちに迷惑をかけない」ということだけは絶対に守らせます。

このような活動を継続的に行うことで，子どもたちの中で様々な才能が花開く場が増え，教室内での子どもたちの関係性やカーストの構造がより緩やかになると感じます。また，子どもたちがより積極的に活動する姿勢が育まれます。

また，教師の介入を最小限にして「お楽しみ会」を成功させる経験は，子どもたちや学級全体の成長を大いに後押しします。

【参考文献】

・沼田晶弘『子どもが「話せる」「聞ける」クラスに変わる！学級あそび』ナツメ社

3 子どもたちとの関係修復を紡ぎ直す

学級の状況が芳しくなく，なんとか2学期を乗りきった先生もいらっしゃるかもしれません。そういった先生は，授業の改善も確かに大切ですが，3学期に何よりも重視すべきは子どもたちとの関係を紡ぎ直すことです。学級の状況が芳しくないと，つい子どもたちの悪い面ばかりが目につきます。それだけに，子どもたちのよい面を意識的に捉える努力が必要です。子どもたちとのつながりを深め，楽しむ。雑学を取り入れて子どもたちの知的好奇心を刺激する授業を実施する。そして，一人ひとりの子どもをほめ，そのがんばりを認めることが大切です。　　　　（小野　領一）

12
月

2学期の振り返り

1　学級づくり

　4年生の2学期は，発達段階的に男女を意識する子どもが増えてきます。教師が意図的に男女の壁をなくしていくことが大切です。男女で話をする機会を増やしたり，レクで協力せざるを得ない場面を設定したりしましょう。

　また，友だち関係もグループ化していくことが多いため，休み時間はグループの子と仲良くしていても，必要なときにはだれとでも協力できる（公私の区別ができる）学級になっているかを振り返りましょう。

　このような人間関係の変化は発達段階として当然のことですから，共感の気持ちを示しつつ，伝えるべきことは毅然として伝えていきます。

　以上の点を踏まえて，次のような視点で2学期を振り返ってみましょう。

□4月から徹底している当たり前のことは継続してできているか。
□友だちが困っているときに，助け合う姿が見られるようになったか。
□必要なときには，だれとでも協力できるようになったか。
□掃除は，時間内に隅々まで丁寧にできるようになったか。
□学級会を子どもだけで進められるようになったか。
□あいさつは，自分からいい声でできるようになったか。
□忘れ物をしたとき，自分で考えてリカバリーできるようになったか。
□次の予定を考えて，時計を見て動けるようになったか。
□男女仲良く生活することができるようになったか。
□教師は子どもに任せることを増やすことができたか。

2 授業づくり

　4年生の2学期は，先生を必要とする段階から，先生がいなくても自分た
ちでできる段階への過渡期です。子どもに選ばせたり，任せたりする場面を
増やし，教師の出番を少なくしていくことはできたでしょうか。話し合いで
は，自分たちで深められるように，教師は交通整理の役割を意識しましょう。

　また，「手は離しても，目は離さず」の姿勢が大切です。子どもの様子や
振り返りをしっかりと見取り，その子にとって必要なフォローをしていきま
しょう。「先生は見てくれている」という思いが安心感につながります。

　以上の点を踏まえて，次のような視点で2学期を振り返ってみましょう。

□先生ではなく，友だちに向けて意見を言えるようになったか。
□友だちの発表に反応しながら聞くことができるようになったか。
□友だちの意見につなげて自分の意見を言えるようになったか。
□ペアやグループでテーマに沿った話し合いができるようになったか。
□ノートに自分の考えやその理由を書くことができるようになったか。
□1人1台端末を場面に応じて活用できるようになったか。
□授業の振り返りで，友だちの名前や友だちの意見を書けるようになっ
　たか。
□教師は意見をつなぐ役割を果たすことができたか。
□教師は子どもの様子を見取り，その子に合わせたフォローができたか。

（溝口　健介）

159

学級イベント 指導ポイント＆ 活動アイデア

1　指導ポイント

☑ 「イベントは自分たちでつくるもの」ということを強く意識させる

イベントはあくまで自分たちでつくるもの。最初にこのことをはっきりと伝え，強く意識させることが大切。

☑ どのようなイベントにするのか子ども自身に考えさせる

ゲーム，グループごとの出し物など，どのような内容のイベントにするのか，子ども自身にアイデアを練らせる。

☑ 係を組織する

司会係，ゲーム係，音楽係，飾り係など，係（実行チーム）を組織して，全員で必要な準備を行わせる。

☑ 保護者や地域の方を招待する

保護者や地域の方を招待するイベントも1つの方法。「だれかを喜ばせる」という目標があれば，子どもたちの意欲は一層高まる。

☑ 会の最後は教師からのご褒美で締め括る

がんばった子どもたちをしっかりとほめて会を締め括り，達成感や満足感を味わわせる。内緒のご褒美も効果的。

2　活動アイデア

①どんなイベントにするか，話し合いの場を設ける

　お菓子づくりなど，教師が主導するイベントもありますが，より教育的効果を上げようと思ったら，企画から準備，当日の運営に至るまで，すべて子ども主体で取り組ませることをおすすめします。こうしたイベントは，子どもたちの企画力，実行力，仲間意識を育てる絶好の機会だからです。

　12月上旬，子どもたちに「2学期の最後にみんなで楽しいことをしませんか」と投げかけます。目をキラキラ輝かせる子どもたちに，「楽しい会は，自分たちの力でつくるんだよ」と伝え，早速話し合い活動に移ります。

　話し合いの司会進行は，学級委員や学級会係など，子どもたちに任せるのも1つの方法ですが，時間的に難しければ，教師が進行しても問題ありません。その際，①イベント名，②イベントの内容，③必要な役割分担の3つについては，必ず子どもたちに考えさせるようにします。子どもたちからたくさんのアイデアが出るので，多数決を採るなどして，時間的に無理のない範囲でイベントを企画します。以下，話し合いの際の板書例を示します。

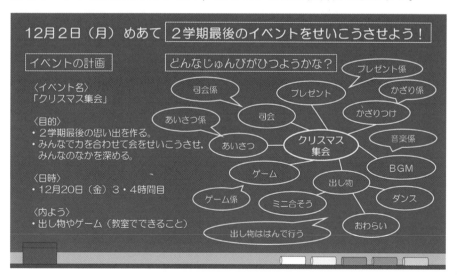

②係で分担して準備を進める

　イベントが成功するかどうかは，係（実行チーム）をいかに組織するかで決まります。例えば，以下のような役割分担を行い，分担して準備に取り組ませます。

【係（実行チーム）の例】
・司会係（当日の司会。原稿を書いて何度も練習する）
・あいさつ係（はじめの言葉，おわりの言葉を代表で述べる）
・プログラム係（会のプログラムを作成する）
・ゲーム係（ゲームの進行。ゲームごとに係を決めるとよい）
・飾り係（教室や黒板の飾りつけ。人数が多い方がよい）
・音楽係（BGMやみんなで歌う歌の準備を行う）
・プレゼント係（みんなにプレゼントをつくって配る）　　　　　　など

　また，時間的に可能であれば，グループごとに出し物を行わせるのもおすすめです。出し物については，教師からもいくつか例を示しながら，協力して取り組ませていくようにしましょう。

【出し物の例】
・クイズ（本で調べてもよいし，オリジナルのクイズでもよい）
・歌・合奏（音楽の時間で学習した曲でもOK）
・ダンス（運動会で行ったダンスでもOK）
・ものまね（動物のものまね，先生のものまねなど）
・本の読み聞かせ（あまり長過ぎない絵本がおすすめ）
・お笑い（漫才やコント，一発ギャグなど。みんなで大笑い）
・手品（かなり練習が必要）　　　　　　　　　　　　　　　　　など

③保護者や地域の方を招待し，感謝の気持ちを伝える

　子どもたちのみで行うイベントももちろん盛り上がりますが，保護者や地域の方を招待して行うイベントもおすすめです。

　例えば，保護者を招待するのであれば，自分たちの成長をスライドにして発表したり，保護者と楽しくゲームをしたりする活動が考えられます。事前にみんなでプレゼント（折り紙，ペンダント，お菓子，感謝の気持ちを綴った手紙など）をつくり，その場で保護者に手渡しするというのもよいかもしれません。

　地域の方を招待するのであれば，地域の方への感謝の気持ちをスライドにして発表したり，一緒に昔あそびをしたりする活動がおすすめです。また，家族を招待した場合と同様に，地域の方へプレゼントを渡す場を設けるのもよいでしょう。

　この場合も，子どもたちに企画させ，係（実行チーム）を組織しながら，計画的に準備を行わせましょう。②で示した係の中に，案内状係，接待係などを設けてもよいかもしれません。会を成功させることで，すべての子どもたちに達成感・満足感を味わわせることができます。

12月

地域の方にプレゼントするお菓子を
手づくりする子どもたち

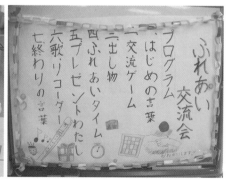

イベント当日のプログラム
子どもたちのアイデアを生かします

（有松　浩司）

2学期の通知表文例

●友だちのがんばったところや，よいところを見つけられる子ども

　　帰りの会では，その日1日に友だちが親切にしていたことや，一生懸命にがんばった姿を毎日発表していました。友だちのよいところを見つけようとする○○さんの姿勢が，学級全体に広がってきています。

　プラス面はとかく「○○できてすばらしいです」と書きがちですが，教師の主観を抑えて客観的な記述に努めると，評価全体の信頼につながります。

●係活動を工夫しながら取り組んでいる子ども

　　もっとクラスの友だちが楽しめるように，教室に「遊び募集ボックス」を設置しました。自分の希望するあそびを言うのが恥ずかしい子や，思いついたときにすぐに伝えたいという子に，大変好評でした。

　本人のねらいと行動が，どのような効果・成果をもたらしたのかを具体的に記述しています。保護者がわかるように具体的に記すことが大切です。

●休みがちになってしまった子ども

　　登校すると，友だちと楽しく遊んだり，会話をしたりしていました。学校での楽しい時間がさらに増えるように支援していきます。

　状況が改善する兆しと教師の願い，そして指導の方針を記しています。

●忘れ物が少なく，始業前に準備ができている子ども

　毎日，学習に必要なものを確実にそろえ，授業が始まる前に準備していました。連絡帳を上手に活用して，次の日に持って来るものや，宿題などを必ず記載し，忘れ物をしないように努めていました。

うまくいっている姿だけでなく，その理由も見つけて記載しています。

●割りつけを工夫して，わかりやすい紙面の新聞をつくっている子ども

　国語の「新聞をつくろう」では，子ども新聞の割りつけをヒントにして，３年生にわかるようにクラブ活動新聞をつくることができました。

教科書だけの学びではなく，新聞を活用している姿を記載しています。

●計算の順序に関するきまりを理解している子ども

　算数の「計算のきまり」では，かっこの中や乗法・除法の計算を先にやるきまりを理解し，四則が混合した式を正確に解くことができました。

計算ができるという結果ではなく，仕組みを理解した様子を記載します。

●友だちとトラブルが多かった子ども

　話し合うことで解決できる場面が増えてきました。自分の思いや考えをはっきりと言葉で伝えられるよう，これからも支援していきます。

状況が改善している様子と，言葉で伝えさせる指導の方針を記しています。

●飲料水の安定供給が人々の生活に役立っていることを理解している子ども

　社会科の「水はどこから」では，毎日当たり前に飲んでいる水が様々な人の努力や工夫によってもたらされていることを理解していました。

ノートの振り返りやまとめの成果物から，子どもの思考を見取り記します。

●星座は時刻によって並び方は変わらないが，位置が変わることを理解している子ども

理科の「星や月」では，はくちょう座の位置や並び方の変化と時間の関係を星座早見で調べ，星の動き方のきまりについて理解していました。

星の動き方のきまりを理解することができた過程を具体的に記しています。

●贈る相手のことを思い浮かべながら進んでカードづくりをしている子ども

　図工の「飛び出すハッピーカード」では妹の誕生日カードをつくりました。妹の好きなピザが飛び出るように何度も試しながらつくりました。

制作中の作品に込められた思いを把握し，保護者に伝えることが大切です。

●私語が多い子ども

　アイデアが豊富で，友だちと活発に意見を交換していました。話を聞く場面で会話をする姿が見られたので，継続的に声をかけていきます。

記述は後段の方が印象に残るので，伝えたいことを後段に書いています。

●楽器の音色を生かして演奏している子ども

　音楽では，「茶色の小びん」で鍵盤ハーモニカを演奏しました。歯切れのよい感じにするために，タンギングを意識して吹いていました。

表現の工夫を具体的に記載すると，保護者にわかりやすい記述になります。

●道徳で友だちと互いに理解し，助け合うことの大切さに気づいた子ども

　道徳「ぼくらだってオーケストラ」では，友だちから助けてもらった体験を振り返り，そのときに感じたうれしい気持ちを発表していました。

心の中は見えないので，発言やノート，ワークシートなどから見取ります。

●英語でアルファベットの文字クイズを出したり答えたりする子ども

　外国語活動では，隠されたアルファベットを当てたり，隠すアルファベットを考えたりして，文字クイズを楽しんで学習しました。

特定のゲーム名は保護者がわからないので，内容を記載するのが大切です。

●怒りっぽい子ども

　何事にも一生懸命取り組んでいました。思い通りにならないと気持ちが昂ることもありますが，熱心さの証なので大切に見守っていきます。

ネガティブな要素こそがその子のよさ，という教師の姿勢を示しています。

（岩田　将英）

1月の
学級経営の
ポイント

1　4年生の3学期を「5年生の0学期」と捉える

3学期の初日，子どもたちに「ついに5年生がスタートしましたね！」と伝えます。当然のことながら，多くの子どもたちはきょとんとした顔を見せます。では，なぜ4年生の時点で5年生がスタートしたと伝えるのでしょうか。

その答えは，3学期は「5年生の0学期」と捉えられるからです。言い換えれば，4年生の3学期は5年生に向けた準備期間，つまり助走期間と位置づけられるのです。

3学期には，子どもたちに「どんな5年生になりたいか」ということを具体的に考えさせ，3学期の学級目標を定めます。そして，その学級目標を基に，一人ひとりに3学期にどんな努力をするかを考えてもらい，決めさせます。

確かに，3学期は1年間の総仕上げの時期として認識されがちです。しかし，大きな学校行事も少なく，気づけばあっという間に過ぎてしまうこともしばしば。そんな中で，子どもたちに明確な目的意識をもたせることが重要です。

2　「正月あそび」を取り入れ，笑顔で新学期をスタートする

3学期も，子どもたちと楽しく笑顔でスタートしたいものです。そこでおすすめなのが，3学期の学級開きに，日本の伝統的な「正月あそび」を取り入れることです。

例えば，新年の雰囲気を感じるカルタ大会。各班ごとに対戦します。このカルタ大会はいつも大いに盛り上がります。また，坊主めくりもおすすめです。これは百人一首のカードを使って遊ぶゲームで，各班で行います。カードを裏向きにして，参加者は1枚ずつ引きます。男性のカードを引いたら自分の手札に，女性のカードを引いたら再び1枚引けます。坊主のカードを引いたら，すべての手札を捨てます。最終的に，一番多くのカードを持っている人が勝者になります。福笑いやすごろくも大変盛り上がります。

3学期も子どもたちの人間関係の質を向上させることを大切にしましょう。そのために，様々なレクリエーションを実施します。特にこの時期に「正月あそび」を取り入れるのは，昔ながらの日本の伝統的なあそびを子どもたちに体験してもらいたいからです。

3　3学期の学級経営は「守る」ときどき「攻める」

年度末が近づくにつれ，学級はしっかりとまとまってくるでしょう。しかし，この時期に新しい方法やアプローチを次々に取り入れた結果，これまで築き上げてきた学級の良好な雰囲気を失ってしまうリスクも忘れてはなりません。

3学期は，教師が主導するのではなく，これまでの経験や学びをしっかり振り返りながら，子どもたち自らが学級の主役となるようにします。その際，子どもたちのがんばりや成果を見逃さず，達成感を感じられるような声かけを心がけます。この期間，新たな試みは最小限にとどめ，学級の安定を最優先に「守る」姿勢で臨みます。

一方で，毎日をただ過ごすだけで3学期を単調に終わらせることは避けたいところです。そのため，「守る」だけではなく，「攻める」姿勢も大切です。しかし，新しい実践は導入しません。子どもたちの自立心を養うために，様々な場面で「どうすればいいと思いますか？」「あなたはどうしたいですか？」「今いったい何をすべきだと思う？」といった質問を頻繁に投げかけ，子どもたちの考える力を刺激します。

このように，1学期，2学期の「攻める」姿勢とは異なるアプローチを採ります。

最後に，「終わりよければすべてよし」という言葉があるように，3月の修了式には，教師も子どもたちも，笑顔で1年の終わりを迎えるよう心がけます。

（小野　領一）

1月

3学期はじめの
チェックポイント

生活面	□4月に設定した個人目標や学級全体の目標を唱えることができる □思いつきではなく，現状を分析したうえでどうしたらよいかを発言できる □行事活動の目標を意識して参加したり，係や当番の仕事の意義を意識して活動したりすることができる □まわりがどうであれ，自分はルールを守ろうとする意識が働いている
学習面	□これまでの自分の学習の成果や努力の過程をノートに書いたり発言したりすることができる □学習課題に対して見通しをもち，途中で投げ出さず，最後まで取り組むことができる □授業や自主学習において，その日の目標をもって取り組むことができる
対人面	□特定のだれかとペアやグループを組むことに固執する子どもがいない □これまでの過程でだれが何をがんばっていたのかを発言することができる □他者のよい行為に対する称賛を，嫌な顔をすることなく素直に受け入れることができる □学級全体のために何かしようと，自分なりにアイデアを出すことができる

1 　生活面

　3学期は次年度の「0学期」とも呼ばれ，1年間のまとめをしつつ，次年度へつなぐ大切な時期です。そこで，子どもたちがこれまで身につけたことをどれだけ意識化し，自主的に行動に移しているかを見取ります。

　まずは，4月に立てた目標が意識されているかを確認します。そして，自分の達成具合を振り返る活動を入れます。

　また，単に行事や係活動をこなすのではなく，その意義を理解したうえで活動しようとしているかについても観察します。こういった意識が，高学年になったときに役立ちます。

2 　学習面

　学習面においても，個々の伸びや学級全体の学びの広がりを，子どもたちに感じさせることが大切です。1学期から身につけてきた学習技能やこれまでの学習成果を，どれくらい子ども自身が意識できているかを確認します。学習に対する達成感をもっていれば，学習課題や家庭学習，自主学習などへの取組に質的な変化が生まれます。そうした様子も観察しておきましょう。

3 　対人面

　これまでに，互いに認め合う関係ができているようであれば，3学期はさらに，相互の受容や承認ができるだけでなく，学級全体に貢献できた，必要とされたという自己有用感がもてるように支援していきます。その足場が育っているかどうかをこの時期に確認しておき，子どもたちの実態に合わせて自己有用感がもてるような場づくりを行い，子ども同士の関わらせ方を工夫していきます。

（岡山県公立小学校教員）

係・当番活動
レベルアップ作戦

1　1つの係を会社と見立てて「カンパニー」とする

　「自主性を育てる」「自主性を大切にする」という考えのもと，1つの係を会社と見立てて「〇〇カンパニー」とします。その係を考えた人は「社長」で，一緒に活動する人は「社員」です。カンパニーは，①1人でいくつ会社をつくってもよい，②いくつの会社に属してもよい，③1人社長として活動してもよい，というように，自由に活動できる方式をとっています。また，会社を立ち上げるときには資本金を集め，月のおわりに売上金を確認し，それらを合算した金額を社長が社員に分けるというシステムをとっています。

　小中学校ではキャリア教育，高校ではアントレプレナーシップ教育が導入されていますが，学級の中で楽しく活動しながら，それらの教育を行うことができる仕組みとなっています。

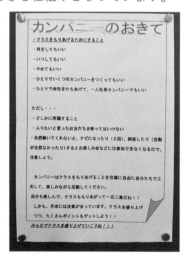

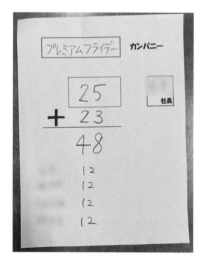

2 伝言の場, 呼びかけの時間を設ける

　よく行われる係活動は学期を通して行うことが多いので, 大体の子どもたちは１つの係のみに入っていることが多いでしょう。しかし, ４年生にもなると, グループがだんだん固定化されてくることが多いので, いつも同じグループで係が発足しがちで, 新たな友だち関係の広がりが期待できません。

　一方, カンパニー活動は１人で何個もつくってよいので, いくつもの係に所属することができます。また, コミュニケーション能力が高い子などが橋渡しとなって, 学級全体のいろいろな子どもたちをつないでくれることもあり, 学級の仲がうんと深まります。

　また, 背面黒板を開放してみんなへの伝言を書けるようにする, 朝の会で全体へお知らせを呼びかける時間を取るなど, 継続的に係活動が活発に動くようにします。

　カンパニー活動を通していろいろな子と仲良くなれたこと, 学校が楽しいと話をしてくれるようになったことなど, 保護者からも喜びの声が頻繁に聞かれます。

1月

3　自由な活動を保障することで様々な力を高める

　カンパニー活動は基本的に子どもたちの自主性に任せるため，担任は口出しをすることはありませんが，ネーミングも大事であるという話はしておきます。すると子どもたちは，今まで行ってきた係活動と内容は同じだったとしても，流行りを取り入れたり，親しみやすさを意識したりしながら，それぞれが工夫してネーミングを行うようになります。

　活動が活発化すると，カンパニーが増えて重なることが多くなりますが，内容が似ていても，新たなやり方でバージョンアップさせたり，様々なところからヒントを集めて新しいカンパニーをつくったりするようになり，創意工夫する力がつきます。また，まわりに気がつくようにもなり，学級の困り事に応えるカンパニーをつくる子が増え，想像力や企画力も身につきます。

　月の終わりには売上金のランキングを発表するので，どんなカンパニーが上位に来ているかを見ることによって，ニーズを読み取る力などもつきます。子どもたち一人ひとりがいろいろな知恵を出し，たくさんのカンパニーができればできるほど，様々な力が身についているという指標になります。

順位	カンパニー名	社長	決算
1	急いで帰ろう		54
2	ボックス		49
2	スポーツニコニコ		49
2	先生の荷物も持つYOYO		49
5	プレミアムフライデー		48
6	さがせるかな？		46
6	日直ラクラク◎荷物おとどけ		46
8	教科書持って行くさ〜		44
9	落とし物管理		39
10	給食パクパク		38
11	スペシャルなぞとき		35
12	先生レスキュー		34
13	いいことバロメーター		33
14	クラス美		32
15	占いの館		31
15	みんなで遊ぼう		31
15	チックイン		31
18	声か〜け		30
18	イベント企画		30
20	何でもくばり隊		26
21	レッツビンゴ.		24
22	一人一躍お助け		23
22	コラボしましょう〜		23
24	先生お助けはりもの		22
25	なぞなぞ連発		21
25	名制作ります		21

2月カンパニー決算

4 お楽しみ会でカンパニーごとに出し物をする

　１つの係をつくるには，カンパニーを考え，資本金を集め，仲間を募集し，計画を立て，実行に移す，というサイクルがあります。自主性に任せているとはいえ，これだけの実行力が必要になるのです。それでもアイデアを出し続ける子，仲間集めがいつも上手な子，計画性がある子など，１年間続けると，いつの間にかいろいろな力を発揮し，成長した子どもたちの姿が見られるようになります。

　また，学期のおわりのお楽しみ会では，カンパニーごとに出し物をします。全員がどこかのカンパニーには所属しているので，必ず１人１回は前に出て出し物をすることになり，楽しませる側も楽しむ側も経験します。ここでも社長を中心に，企画・準備・進行を行うように進めていきます。１人１台端末が導入されてからは，スライドでルール説明やクイズをつくるなど，ゲームの幅も広がりました。いろいろなグループで準備を進めるので一体感も生まれ，プログラム数は多いですが，どのカンパニーも趣向を凝らした出し物が続き，満足度の高い楽しい学期納めとなり，学級の仲も深まります。

（松下ゆか理）

2月の
学級経営の
ポイント

1 「2月の荒れ」を招くのは 教師の焦りと心得る

6月，11月に続き，2月も「魔の月」と言われます。

「2月の荒れ」は1学期からの子どもたちの不信・不満が積み重なった結果と言えるでしょう。6月や11月はなんとかもちこたえたとしても，2月にはとうとうごまかしきれなくなって，一気に問題が顕在化します。この時期に荒れてしまうと，取れる手段は限られてきます。確かに，子どもたちの気の緩みは原因の1つかもしれません。しかし，より大きな問題は，教師の高過ぎる理想です。教師自身の理想と目の前の子どもたちの現状とのギャップに焦りを感じ，小言が多くなってしまうのです。そして，子どもたちの心が次第に教師から離れていき，ある一線を越えた状況で学級が大きく崩れ出していくのです。

では，一体どう対応すればよいのでしょうか。答えは，目指すゴールイメージを下げることです。残りの日々を子どもたちと穏やかに，そして楽しく過ごすことが，教師にとっても，そして子どもたちにとっても最善だと考えています。

2 特別な習慣やルールを 一般的なものに戻す

2月の終わりごろから，少しずつ次年度の教育活動に目を向けて取り組みます。

担任としての独自のカラーを出すことはすばらしいことですが，特別な習慣やルールを設けている場合，この時期に一般的な方法に戻していく必要があります。

子どもたちの能力を引き出すために様々な工夫を凝らした教育活動に取り組んでおり，子どもたちもいきいきと楽しそうにしているのに，なぜ一般的な方法に戻さなければならないのか疑問に感じるかもしれません。その理由は，次年度の担任が同様に特別な教育活動を行わないと，子どもたちが不満を感じるリスクが出てくるためです。実際に，子どもたちの成長に大きく寄与すると周囲の教師から高く評価される「スーパー教師」が担任した学級は，翌年，学級経営が難しくなるという声が多く聞かれます。私たち教師は，一生その子の担任として関わり続けるわけではありません。子どもたちは，様々な大人との関わりを経て成長していくことが，最終的に真の幸せにつながるはずです。

3 子どもの成長に焦点化して 「二分の一成人式」を行う

4年生のこの時期，多くの学校で1年間の集大成として「二分の一成人式」を授業参観などで実施しているでしょう。私は，教師が中心となり，一部の保護者の感動を煽るような「二分の一成人式」に，あまり意義を感じません。もし実施するのであれば，子どもたちに学びがあり，そしてすべての保護者や子どもたちが傷つかないものにするべきだと思います。

実際，多くの学校の「二分の一成人式」では，「保護者への感謝」がメインテーマとされていますが，これが原因で一部の保護者や子どもたちが傷つくこともあると感じます。そこで私は，「成長」をメインテーマとし，過去，現在，未来を軸にした新しい「二分の一成人式」のプログラムを考えています。具体的には，次のようなものです。

①過去
小学校入学時の写真をムービーで流す（写真は基本的に小学校時代のみ）。

②過去
小学校低学年で勉強したことを披露する（スイミーの群読や低学年で学習した合唱曲など）。

③現在
子どもたちが得意技を披露する。

④現在
1年生から今までに伸びた身長分の長さのリボンを保護者に渡す。

⑤未来
新成人の自分への手紙と今の自分が大切にしているものを1つ，タイムカプセルに入れて校庭に埋める。

（小野　領一）

6年生を送る会
指導のポイント

1　創意工夫を発揮させる難しさを認識する

　6年生を送る会は，学年単位の発表がほとんどです。そのため，大人数での取組になり，学校によっては100人以上の子どもたちで1つの発表をつくらなくてはいけません。そうすると，ついつい教師がトップダウンで指示をしたり，一部のリーダーたちの活躍にとどまってしまったりして，なかなか一人ひとりの創意工夫を発揮させることができません。高学年になると，会への参加意欲が下がってしまうことがあるのも，このような背景が影響しているのではないかと思います。

　来年は5年生になる子どもたちに，「やらされた送る会」ではなく，「自分たちで考えてつくった送る会」という実感をもたせたい。そんな思いから考案したのが，ショートムービーをつなぎ合わせた発表です。

2　各班のアイデアが光るショートムービーをつくる

　まず，各クラスで少人数のグループをつくり，それぞれ10秒程度のショートムービーを作成するよう伝えます。グループの人数とムービーの時間は，当日のもち時間と，学年の人数によって変わります。100人を超える学年で，もち時間が4分しかなかったときは，各クラス8人グループで10秒程度というきまりでした。この10秒という時間は，とても短く感じます。「10秒では何も言えないんじゃないか」という疑問をもたれた方も多いでしょう。しかし，現在子どもたちが見ているSNSには，10秒程度のショート動画がたくさん出回っています。10秒は子どもたちにとってはちょうどよい長さの時間

なのです。

　また，タブレット端末を活用すれば，子どもたちに編集を任せることもできます。こちらも，子どもたちの方がむしろ得意なくらいで，様々なアイデアを出してくれます。また，多くの人に見てもらう動画なので「全校の子が見たときに嫌な気持ちになる人がいないように」「みんなが見るものだから，悪ふざけや，傷つけるような言葉を使うことはふさわしくない」「あまり効果音をつけ過ぎると，かえって見にくくなってしまう」など，いくつか注意ポイントを事前に示しておくとよいでしょう。そうすると，教師の作業は子どもたちが編集した動画をつなぎ合わせるだけになり，数分で完了します。

3　一人ひとりに6年生との関わりを想起させる

卒業の前に
私から
問題だ！

中には，二宮金次郎像が問題を出すムービーも

　みんながみんな「ありがとう」とお礼を言っているだけだと，同じことが繰り返される動画になってしまうので，「○○小の思い出の場所めぐり」などテーマを与えるとよいでしょう。音楽室，理科室，給食室前，正門など，それぞれの場所を生かした発表にすれば，6年生は自分の思い出を振り返りながらムービーを見ることができるでしょう。

（佐橋　慶彦）

3月の
学級経営の
ポイント

1 日めくりカレンダーで，一緒に 過ごす時間の大切さを共有する

　私は，修了式までの日数を一緒に数える日めくりの「カウントダウン・カレンダー」を毎年作成しています。「カウントダウン・カレンダー」は学級の人数と残りの登校日数を考慮してつくります。1月末くらいからつくり始めるのがおすすめです。

　まず，八つ切りの白い画用紙を子どもたちに配り，1人1枚カレンダーをつくらせます。どの日を担当するかは子どもたちと一緒に決めます。例えば，30人クラスなら，30枚のカレンダーができ上がります。担任も一緒にカレンダーを作成します。カレンダーには，自分の担当日，好きな絵，学級の友だちへのメッセージ，5年生になったときにがんばりたいことを書きます。そして，朝の時間などを利用して，メッセージと5年生になってがんばりたいことをみんなの前で発表します。完成したカレンダーはみんなが見える場所に飾ります。めくり終わったカレンダーは教室内に掲示していきます。この方法で，学級のみんなと4年生修了の日を意識し，一緒に過ごす時間の大切さを共有します。

2 図工や習字の作品を 作品本にする

　私は，子どもたちが1年間でつくった図工や習字の作品を作品本という形にまとめて返却しています。

　作品本をつくるために準備するものは，白い画用紙（1人5枚程度），水のり，製本テープです。表紙には子どもたちが好きな絵やデザインをかかせるので，白い画用紙にします。そして，1学期から作品を順番に貼り合わせていきます。絵は中表に折り，絵のかかれていない外側を背合わせにして，水のりで貼りつけていきます。水のり以外のりを使用すると，きちんと貼りつけることができないので注意してください。サイズが合わない小さな作品は，用意した画用紙に貼りつけ，その画用紙も順番に貼り合わせていきます。

　作品本という形で子どもたちの作品をきれいにまとめることで，作品が散逸することなく，すっきりと保管することができます。保護者の方からも上々の評価をいただいています。さらに，この作品本を見ることで，1年間の思い出や成長を感じることもできます。

3 うまくいってもいかなくても、最後は笑顔で締め括る

　ある先生にとって、この1年はとても楽しく充実したものだったかもしれません。一方で、あまりうまくいかずにとても苦しい1年だったと感じる先生もいるかもしれません。最後の1週間で子どもに何かを定着させられることはほとんどないでしょう。たとえ定着させることができたとしても、それが次年度に役立つとも限りません。もちろん、今まで積み重ねてきたことは大切です。しかし、それ以上に、最後の1週間は教師も子どもたちも楽しく過ごすことを意識したいものです。

　「ピーク・エンドの法則」という考えがあります。これは、一番楽しかったときと最後のときの気持ちが、1年間をどう思い返すかを決めるという法則です。だから、最後の1週間を楽しく過ごせば、たとえマイナスな印象が多かった1年だったとしても「いろいろあったけど、楽しかったよね」と教師も子どもたちも思い返せるかもしれません。

　そこで、最後の1週間は、教師も子どもたちも楽しめるお別れパーティをしたり、1年間の思い出ムービーを上映したりして、笑顔で過ごせるよう心がけましょう。

　そして、子どもたちへの励ましの言葉をかけます。「すごく成長したね」「5年生でも大丈夫、君たちならできるよ」「高学年でもがんばってね」と、4年生の最後を温かく終えるようにします。

（小野　領一）

3
月

181

1年間の振り返り

1　学級づくり

　4年生の3学期は，1年間のクラスづくりの振り返りをします。4年生は思春期に差しかかり，1年間の中で子どもの雰囲気が大きく変わる学年です。

　学級開きで「こういう学級にしていこう」と語り，先生と子どもで共有したゴールイメージ（学年目標・学級目標）と今の学級の姿を比較して，1年間の学級づくりについて，2つの面から振り返りましょう。

①規律

　1つ目は，規律の面です。4月からは高学年になる4年生。下級生の見本となる行動は，できるようになったでしょうか。4月に徹底しようと伝えた当たり前のことを3月までやりきることはできたでしょうか。もう少しだったと思う部分については，要因を分析して，改善策を考えましょう。

②主体性

　2つ目は，主体性の面です。子どもが当事者意識をもち，「自分たちで学級をよくしていこう」と動くことができるようになったでしょうか。子どもが主体的に動けなかったとすれば，原因は教師にあると考えましょう。子どもが自分たちで動き出せるようなしかけや言葉かけ，環境整備，機会の確保ができていたか，失敗を恐れず挑戦しようと思える学級の雰囲気だったか，教師が我慢して待つことができたか…など，様々な視点で振り返りましょう。

　年度末の学級づくりの振り返りは，子どもや学級の様子を振り返ることで，教師が自分の指導をじっくりと振り返るとても大切な機会です。どうしても

課題ばかり考えがちですが，成果についても振り返り，「なぜその指導がうまくいったのか」を考えることも大切です。年度末の忙しい時期だと思いますが，来年度以降の自分のためにも，成果・課題・改善策を，ノートなどに書き出しておきましょう。課題を考える際には，子どもや保護者のせいにする他責思考に陥らないように気をつけましょう。

　以上の点を踏まえて，次のような視点で1年間を振り返ってみましょう。

□4月から徹底した当たり前のことを継続してできるようになったか。

□学年目標，学級目標に向かって努力できたか。

□行事のがんばりが，普段の生活につながったか。

□給食は自分たちで残食を減らす声かけを行えるようになったか。

□掃除は自分で役割を見つけてできるようになったか。

□係の活動を自分たちで工夫して行えるようになったか。

□落とし物やゴミを，自分のものでなくても拾えるようになったか。

□自分のものの整理整頓を，必要なときに自分でできるようになったか。

□教師がいない時間にすべきことを自分で考えられるようになったか。

□クラスの問題を自分事として考えられるようになったか。

□困ったときにだれにでも助けを求められるクラスになったか。

□温かな笑いがあふれるクラスになったか。

□全員が前向きに挑戦しようとするクラスになったか。

□友だちのよさに目を向け，それを伝えられるようになったか。

□1年間を通して子どもたちの自己肯定感が高まったか。

□教師は学級の様子に応じて指導のあり方を修正することができたか。

□教師は何でも先回りせずに自分たちで考える場面を用意したか。

□教師は子どもの様子を見守り，必要に応じてフォローができたか。

□教師は保護者との関係を良好に保つことができたか。

□教師は小さな成長を見取って価値づけることができたか。

2　授業づくり

　4年生の3学期は、「何でも自分たちでしたい」という意欲が高まるとともに、自分たちで考えて行える力がついてくる時期です。「子どもが主体的に、対話を通して協働的に学べたか」という視点で振り返りをしましょう。

　「先生から任せられていると感じられる」「考えたいと思った問いを授業で話し合える」といった経験を、子どもたちにさせられたでしょうか。それらの経験が、主体的な学びの原動力になります。子どもに任せると、最初はなかなか思うようにはいきません。しかし、そこで教師が解決してしまわずに、「子どもの学びを丁寧に見取る」「必要に応じたフォローを直接的、間接的に行う」「学び方を振り返る時間を設ける」ことが大切です。「任せることを通して、指導している」という意識をもって子どもと関わることがポイントです。

　対話においては、相手意識をもって話したり、聞いたりすることができるようになったでしょうか。自分の意見を一方的に伝えるのではなく、相手の意見を受けて自分の考えを伝えたり、自分の考えと比べながら聞いたりすることが大切です。みんなで話し合うことで、考えが深まったり、広がったりしたという、「ともに学ぶよさ」を子どもがたくさん経験できたかを振り返りましょう。

　限られた時間の中で、授業準備、教材研究、授業後の振り返りを、日々「満足いくまでできた」と感じられるまですることは、なかなか難しいことです。しかし、私たち教師にとって、毎日の授業こそが最も大切です。子どもが「わかった」「できた」「自分ってすごい」「みんなと学ぶって楽しい」と感じられる授業をすることが、自己肯定感や学級の肯定感を高める一番の近道です。

　そのためにも、教師自身が授業づくりを楽しむ心を忘れずに、日常を少しずつ変えていく努力を続けることが大切です。残しているデータなどを活用して、教科や単元ごとに1年間の授業づくりについて考えましょう。

以上の点を踏まえて，次のような視点で1年間を振り返ってみましょう。

□話し合いで，意見をつなげたり，深めたり，広げたりできるようになったか。
□自分の考えと友だちの考えを比べながら，聞けるようになったか。
□友だちの話の大切な部分をメモを取りながら聞けるようになったか。
□相手意識をもって簡潔に発表できるようになったか。
□ペアやグループで，目的に向かって話し合えるようになったか。
□内容を工夫して，自分だけのノートを書けるようになったか。
□1人1台端末で，使いたい機能を自分で選べるようになったか。
□苦手な学習にも，粘り強く取り組めるようになったか。
□自分の「問い」を書けるようになったか。
□自分で「問い」の解決方法を考えられるようになったか。
□自分で「学び方」を選択できるようになったか。
□自分の「学び方」を振り返ることができるようになったか。
□学級会などで，自分たちで納得解にたどり着くことができるようになったか。
□教師は子どもが考えたくなる問いかけをたくさんできたか。
□教師は日々の授業を少しずつ改善していくことができたか。
□教師は子どもの学びを丁寧に見取ることができたか。
□教師は見取ったことを指導に生かすことができたか。
□教師は教材研究を楽しんで行うことができたか。
□教師は授業の振り返りを楽しんで行うことができたか。

3月

（溝口　健介）

3学期の通知表文例

●放課後の机の整頓や黒板の日付の書き換えを率先してできる子ども

　日直として，放課後の机の整頓を行い，黒板の日付を書き換えていました。教室のドアの溝に埃が溜まっていることに気づくと，自分からほうきとちりとりを出して，掃いている様子が見られました。

　生活の様子の中に，その子の人間性や成長が表れます。日常の観察を通して気がついた点は，１日の終わりなどに記録し，所見に記載します。

●クラス全員で遊ぶことや，その内容を提案する子ども

　「楽しいクラスにする」という学級目標を踏まえて，クラス全員で楽しく遊ぶ計画を学級会で提案しました。なるべく全員が楽しめるように，運動が得意な子もそうではない子も楽しめる遊びを考えていました。

　その子の教室での自然な様子は，授業参観でもなかなか見られません。普段の子どもの行動や思考が，保護者に想像できるように記載します。

●忘れ物が多い子ども

　学習を始めるときに必要な物が整わず困っている様子が見られました。連絡帳や付箋を活用し，忘れ物をしない方法を一緒に考えていきます。

　３学期は次学期に指導ができないので，上記のように文を締めています。

　　国語の「『便利』ということ」では，家の人が便利と思う道具でも，自分は使いにくかった経験を発表しました。感じ方や受け取り方は人それぞれなので，だれにとって便利かを考える必要性を理解していました。

　教材の読み取りを通して，論理性が成長している様子を記載しています。

●面積の単位について理解し，正方形や長方形の面積を求められる子ども

　　算数「面積のはかり方と表し方」では，$1cm^2$や$1m^2$のいくつ分で広さを表せることを理解し，身近な四角形の広さを求めていました。

　概念の理解とその活用という流れのスタンダードな構成で記載しています。

●県内の特色ある地域について，学習問題を追究しようとしている子ども

　　社会科では，なぜ館山市がうちわの生産地として有名なのか，房州うちわの歴史を調べ，関東大震災と関係があることを発見していました。

　子どもが発見した貴重な知識を記し，家庭での話題をつくります。

●苦手なことに取り組めない子ども

　　難しいことに勇気をもって取り組む姿が増えてきました。一度始めればがんばれるので，はじめの一歩を踏み出せるよう声をかけていきます。

　見つけた改善の糸口とともに，次年度以降の期待を記載しています。

●金属，水及び空気の温まり方の特徴を理解した子ども

　　理科の「もののあたたまり方」では，生活経験から予想を立て，実験によって明らかにしていました。金属は熱した部分から順に温まり，水や空気は熱した部分が移動して全体が温まることを理解しました。

前段で総論，後段で詳細を記しています。前段のみの記載でも大丈夫です。

●短い助走から強く踏み切って，高く跳ぶ記録に挑戦している子ども

　　体育では，走り高跳びのポイントを友だちと教え合い，自分の力に合った練習を繰り返して，自己新記録を更新すべく挑戦していました。

走・跳の運動は個人競技ですが友だちと協力して練習する様子を記します。

●歌詞の内容や旋律の特徴にふさわしい歌い方を工夫している子ども

　　音楽の「赤い屋根の家」では，曲想にふさわしい表現ができるように，大切にしたい言葉や歌い方の工夫などを楽譜に書き込んでいました。

教師が提案した工夫でも，生かせていれば本人の工夫として記載できます。

●話を聞けない子ども

　　様々なことに興味をもち，たくさん発見することができました。説明を聞くときには話し手に注意が向けられるように支援していきます。

「話を聞けない」を「様々なことに興味をもつ」とリフレーミングします。

●道徳で働くことの大切さを知り，進んで働こうとしている子ども

　　道徳の「点字メニューにちょうせん」では，「働くことはだれかを助けることになるのでどんどん仕事をしたい」とノートに書いていました。

多面的・多角的な見方・考え方をノートの記述から見取るようにします。

●自分が気に入っている場所について，英語で伝えようとしている子ども

　　外国語活動では，校内のお気に入りの場所として，音楽室を紹介しました。なぜお気に入りなのか，理由を英語で伝えることができました。

理由を英語で伝えるのは高度なので，その点を取り上げて評価しています。

●学習発表会で自分の成果を表現した子ども

　　学習発表会では，縄跳びを発表しました。跳べるようになりたかった二重跳びの練習を毎日繰り返し，本番では自信をもって跳んでいました。

保護者が知らない，日頃の努力を詳しく見取り，記載することが大切です。

●友だちと協力できない子ども

　　人に頼らず自分の力で活動を進めることができます。友だちと力を合わせるよさを伝えてきたので，どちらも経験できるよう応援しています。

　3学期の所見は，指導してきた内容とこれからの展望を記載します。

（岩田　将英）

【執筆者一覧】

髙橋　朋彦（千葉県公立小学校）

小野　領一（奈良県公立小学校）

瀧澤　　真（千葉県袖ケ浦市立蔵波小学校）

上地真理子（琉球大学教育学部附属小学校）

渡邉　駿嗣（福岡教育大学附属福岡小学校）

荒畑美貴子（NPO 法人 TISEC）

前多　昌顕（青森県つがる市立森田小学校）

篠原　諒伍（北海道網走市立南小学校）

飯村　友和（千葉県公立小学校）

北森　　恵（富山県公立小学校）

野澤　諭史（新潟市立東中野山小学校）

垣内　幸太（大阪府箕面市立箕面小学校）

手島　知美（愛知県みよし市立三吉小学校）

新城　喬之（沖縄県那覇市立那覇小学校）

柳沼　孝一（立命館小学校）

今井　茂樹（山梨学院短期大学）

北川　雄一（東京都公立小学校）

溝口　健介（大阪府公立小学校）

日野　　勝（宮城県仙台市立片平丁小学校）

岩田　将英（千葉県柏市立柏の葉小学校）

藤原　友和（北海道函館市立万年橋小学校）

駒井　康弘（青森県弘前市立堀越小学校）

土師　尚美（大阪府池田市立秦野小学校）

日野　英之（大阪府箕面市教育委員会）

工藤　　智（大阪府箕面市立西南小学校）

田中翔一郎（大阪府堺市立登美丘南小学校）

鈴木　賢一（愛知県弥富市立十四山東部小学校）

有松　浩司（広島県竹原市立忠海学園）

松下ゆか理（元公立小学校）

佐橋　慶彦（愛知県名古屋市立守山小学校）

【編者紹介】
『授業力＆学級経営力』編集部
（じゅぎょうりょく＆がっきゅうけいえいりょくへんしゅうぶ）

『授業力＆学級経営力』

毎月12日発売

教育雑誌を読むなら
定期購読が、こんなにお得

特典1　年間購読料が２か月分無料
月刊誌の年間購読（１２冊）を１０か月分の料金でお届けします。
※隔月誌・季刊誌・臨時増刊号は対象外です。

特典2　雑誌のデータ版を無料閲覧
紙版発売の１か月後に購読雑誌のデータ版を閲覧いただけます。
※定期購読契約いただいた号よりご利用いただけます。

１年間まるっとおまかせ！

小４担任のための学級経営大事典

2024年３月初版第１刷刊　Ⓒ編　者　『授業力＆学級経営力』編集部
発行者　藤　原　光　政
発行所　明治図書出版株式会社
http://www.meijitosho.co.jp
（企画）矢口郁雄（校正）大内奈々子
〒114-0023　東京都北区滝野川7-46-1
振替00160-5-151318　電話03(5907)6701
ご注文窓口　電話03(5907)6668

＊検印省略　　　　　　　組版所　広　研　印　刷　株　式　会　社

Printed in Japan　　　　　　　　　　ISBN978-4-18-370423-8
もれなくクーポンがもらえる！読者アンケートはこちらから
→